MAGIA CIGANA
PARA O AMOR

Sibylla Rhudana

Magia Cigana
para o Amor

Encantamentos, Feitiços, Amuletos e Banhos

5ª edição
2ª reimpressão

PALLAS

Rio de Janeiro
2014

© 1977 Sibylla Rhudana

Produção editorial
Pallas Editora

Copidesque
Gisele Barreto Sampaio

Revisão tipográfica
Ieda Raro Shmidt
Léia Elias Coelho

Projeto Capa
Cadu Gomes

Capa
Leonardo Carvalho

Ilustração de capa
O beijo, de Francisco Hayez (1791-1882)
Dimensões 90x112 cm, Pinacoteca de Brena Milão – Itália

Todos os direitos reservados à Pallas Editora e Distribuidora Ltda.
Não é permitida a reprodução por qualquer meio mecânico, eletrônico, xerográfico etc. de parte ou da totalidade do conteúdo e das imagens contidas neste impresso sem a prévia autorização por escrito da editora.

CIP-BRASIL. CATALOGAÇÃO-NA-FONTE.
SINDICATO NACIONAL DOS EDITORES DE LIVROS, RJ.

R36m
5ª ed.
2ª reimp.
	Rhudana, Sibylla.
	  Magia Cigana para o amor: encantamentos, feitiços, amuletos e banhos / Sibylla Rhudana; [capa e ilustrações Leonardo Carvalho] – 5. ed. – Rio de Janeiro: Pallas, 2014.
	  104 p: il.
	  ISBN 978-85-347-0324-6
	  1. Magia. 2. Amor I. Título.

99-0723	CDD 133.43 CDD 133.4

Pallas Editora e Distribuidora Ltda.
Rua Frederico de Albuquerque, 56 – Higienópolis
CEP 21050-840 – Rio de Janeiro – RJ
Tel./fax: (021) 2270-0186
www.pallaseditora.com.br
pallas@pallaseditora.com.br

Agradecimentos

Às shuvanis Laura Campuzano, Anna Szepesi e Sarita Soravia, que me tiveram cruzando seus caminhos neste mundo de Duvvel. Sem este triângulo de sabedoria, nosso relato não se resultaria nesse trabalho.

À memória de meus avós, Domingas e Antônio Rodrigues, Henriette e Crisantho Varnagy Barreto, de quem herdei o sangue e a força de três raças.

A Manoel Vicente da Silva Filho — Odelessy — que me adotou como filha espiritual. Zeloso orientador e amigo.

Dedicatória

Para Zack de Rom — companheiro e melhor amigo — Senhor da Magia do encanto que me fez trilhar o caminho verdadeiro da Felicidade.

Para todos aqueles que acreditam que a força do Amor é o princípio primeiro de todo estado de Felicidade capaz de transformar o Mundo.

Apresentação

Os ciganos sempre souberam atrair a atenção dos outros pela sua forma de vida, seus costumes, suas leis e suas crenças, suas tradições e, principalmente, seu conhecimento da ciência oculta. São magos, aos olhos de muitos; gente misteriosa e encantadora, que faz com que as coisas aconteçam. Os ciganos são magos, no sentido mais amplo da palavra, porque se integram harmoniosamente à Natureza e sabem como buscar nela a cura e a solução para as situações mais adversas da vida.

Assim, este trabalho pretende estreitar a distância entre o mundo mágico cigano e o mundo dos *gadjós* (não-ciganos), para que o poder da magia do primeiro possa cumprir sua missão de continuar fazendo felizes os corações que buscam o verdadeiro sentido do amor.

Uma magia positiva e extremamente solicitada é a magia amorosa. Um modo prático e eficiente de alcançar o gozo e o prazer verdadeiros.

Neste livro, são abordadas a magia amorosa própria para quem está apaixonado, para os quem têm um parceiro e ainda para melhorar o relacionamento com os demais membros da família. E somente por meio da magia cigana é possível descobrir quem será o futuro cônjuge e, ainda, converter um amigo em amante, infundir amor em uma relação sem amor ou trazer de volta o cônjuge ausente.

Este trabalho tem duas características: positividade e objetividade. Todos os feitiços e encantamentos podem ser feitos utilizando os mais simples ingredientes. E nenhum desses feitiços poderá trazer danos a outra pessoa ou influenciar o seu livre-arbítrio.

Mesmo que não se pense em pôr em prática tais ensinamentos, a magia cigana ilustrará o tema do amor, segundo os povos ciganos encarnados no mundo.

Sibylla Rhudana

Capítulo 1

Amuletos, Talismãs, Poções, Banhos e Comidas

Comidas Afrodizíacas

Costumo recomendar a quem procura consultar as cartas conosco, caso necessite, a feitura de pratos mágicos que provocam excitação no parceiro.

Preparamos, conforme o caso, cenouras, pepinos e aipo. Cortam-se estas verduras no sentido longitudinal, nunca em rodelas. Durante a preparação das verduras, temos o cuidado de colocar em nossas mãos o máximo de energia e de fixar o nosso pensamento no homem que desejamos, do jeito que ele é e da maneira que gostaríamos que fosse conosco, pronunciando as seguintes palavras, sete vezes:

> *Aqui está a força,*
> *Aqui está a força.*
> *Aqui está o gozo,*
> *Aqui está o gozo.*
> *Chega o prazer com força e facilidade,*
> *O prazer vem voluntariamente.*
> *O prazer chega.*

Batismo de Sorte

Ouro, jóias e moedas constituem a riqueza material do povo cigano encarnado neste mundo, eles a trazem seguramente junto de si, pelo menos aqueles que não pararam", se distanciando, pelas circunstâncias, das estradas. No entanto, não é raro encontrar pendente no colo de uma *romi* um medalhão cheio de símbolos gravados.

Com certeza, é um talismã que ela leva para atrair a sorte, a proteção, o amor, a saúde e a prosperidade.

Os *sinti*, grupo de ciganos fixado no território da Alemanha, mantiveram durante séculos o costume de batizar, na igreja católica, por várias vezes, as crianças nascidas nas tribos. Acreditavam que a magia do batismo era tão poderosa que consagraria e carregaria de energia os diversos objetos que escondiam entre as roupas das *chinorré* (crianças). Tal prática — que permanece até hoje entre muitos ciganos — chamou tanto a atenção, que os sacerdotes acabaram criando normas para continuarem a batizar os meninos *romanies*.

Temperando o amor

Os ciganos têm um amplo conhecimento sobre as ervas, madeiras, flores, frutas e sobre como empregá-las. Sabe-se que o uso de determinadas ervas pode atrair até nós o homem ou a mulher desejada, e outras que podem fazer com que um ligeiro interesse se transforme em um grande amor. Os ciganos não repartem estas ervas de maneira indiscriminada, nem escondem de quem delas precisa o local onde se pode encontrá-las, como se deve utilizá-las e prepará-las. Meus avós eram muito solicitados sobre o uso das ervas, e graças aos lovaras húngaros, podemos revelar, hoje, algumas delas.

Ervas do prazer

As *romies* (ciganas) costumam usar uma colher de chá de ligústica ou levítico na carne que servem aos seus maridos, 10 minutos antes de retirá-la do fogo. O que também pode ser feito em qualquer outro alimento. Isto fará com que aumente o interesse sexual entre os parceiros, garantindo ainda a fidelidade.

O banho de ligústica (uma colher de sopa bem cheia, acrescida a dois litros de água) também é bastante apreciado para atiçar a paixão entre o casal.

O vinho também se torna um filtro de amor, quando se acrescentam a ele 20 gotas de cilantro. O vinho deve estar à temperatura ambiente.

Harmonia do casal

Durante a primavera, recolha um punhado de flor de murta e deixe-o repousar em um tacho de cobre ou em uma tigela de louça em noite de lua cheia e, no dia seguinte, sob a sombra em um lugar fresco. Antes de dormir, macere as flores com as mãos e tome um banho desta erva perfumada, da cabeça aos pés, tomando o cuidado de não se enxugar. Fixe o pensamento no desejo de ter um relacionamento harmonioso e feliz, temperado pela candura e pelo prazer intenso de se dar. Repita o banho por três dias.

Dissipando as aflições

Colha alecrim, melissa e sálvia frescos em partes iguais. Seque-os ao sol e reduza-os a pó. Em uma noite de lua nova, faça um braseiro e salpique o pó sobre o mesmo, proferindo o seguinte:

As ervas do amor trazem a força.
Nossos momentos de tensão serão cada vez mais raros.

Nossos corações estão unidos e nosso amor flui intensamente.
Nossa aflição se consumará e acabará em cinzas.

Repita este ritual a cada noite que achar necessário, observando para que a lua não esteja minguando.

AMULETO DE AMOR E SORTE

A mandrágora, há séculos, é tida como uma planta misteriosa e mágica. Sua forma lembra uma figura humana. É extremamente venenosa, não devendo ser ingerida, a não ser sob prescrição médica.

Existem muitos ciganos que levam um pedaço de raiz da mandrágora sobre sua carroça ou junto ao corpo. Esta erva tem a reputação de ser um amuleto protetor e amoroso.

Quando obtiver sua raiz de mandrágora, sustente-a sobre o fogo ao qual se tenham acrescentado cinco folhas de louro seco, uma colher de sopa de açúcar e canela em pó. Com a mão direita, bem firme, diga em voz alta:

> *YEK, DUI, TRIN (um, dois, três).*
> *YEK, DUI, TRIN.*
> *Que minha sorte comece já!*
> *Proteja-me e conserve-me todos os dias*
> *E traga-me o verdadeiro amor como deve ser.*
> *Quer meu coração esteja em plenitude!*
> *SHOON, DICK, TE RIG DRÉ ZI.*
> *(Veja-o, escute-o e leve-o em sua mente.)*

Faça um saquinho de tecido verde (algodão ou seda, por serem fibras naturais) para colocar a sua raiz de mandrágora e traga-o sempre junto de seu corpo.

Capítulo II

*Talismãs, e
Amuletos para o Amor*

Pedra do juramento de sangue

É quase uma combinação de amuleto e talismã, já que é produzido de um objeto natural, no qual se trabalha para que sejam obtidas propriedades mágicas.

Busque no leito de um rio uma pequena pedra, lisa e redonda, mais ou menos do tamanho de uma moeda regular. Lave-a em água do rio, ou mineral, e coloque-a para secar. Com um lápis de cor vermelha ou verde ou com uma lasca de vidro grosso, grave sobre um dos lados da pedra as iniciais ou os nomes completos dos enamorados. Sobre o outro lado, faça o seguinte desenho:

Este talismã deve ser produzido em uma lua crescente. O desenho reproduz fielmente uma antiga tradição cigana para fins amorosos. Na lua cheia, coloque a pedra no chão e com uma *choori* (faca) afiada faça um corte no dedo, deixando cair uma gota de sangue sobre a pedra. Coloque a pedra na palma de sua mão esquerda e levante-a à luz da lua cheia. Vire o lado contrário da pedra, para que ambos os lados sejam banhados pela luz da lua. Agora, coloque a pedra em sua mão direita e ponha-a sobre seu coração. Olhe para a lua e diga:

> MANDIS RATTI KATÉ TE MANDI PIRAMNI.
> MENDI DUI SI YEK.

Significa, aproximadamente: *"Ao ser amado, dou meu sangue. Nós somos uma só pessoa."* Isto é literalmente um juramento de sangue, e trata-se de um talismã muito poderoso para a união do casal, protegendo-o das interferências daqueles que invejam a relação que eles são capazes de manter.

Recomendamos que a pedra seja posta debaixo do seu travesseiro, ou dentro dele, até a próxima lua cheia. A partir deste dia, use o talismã consigo ou guarde-o em um lugar seguro. Ninguém mais deverá tocá-lo.

FERRADURAS

É talvez o mais popular de todos os talismãs. As ferraduras servem para afastar o mau-olhado, evitar doenças e fomentar a fertilidade dos animais. Antigamente, as ferraduras eram verdadeiras obras de arte, e quem as produzia tratava de dar a forma que interessasse ao dono do animal, para que este tivesse sorte no assunto que mais o preocupava resolver.

Assim, tivemos ferraduras que traziam desenhados corações (para o amor), lua, pássaros, flores, animais, sol (este para dar coragem ao animal e ao seu dono). As antigas ferraduras que traziam o desenho de avelãs eram usadas pelas mulheres para atrair a fertilidade e a força.

Nos acampamentos ciganos, é comum visualizar a ferradura de forma tradicional presa em lugar de destaque, geralmente à entrada da tenda principal. Estará sempre com as pontas voltadas para cima, e nunca para baixo, como costumam usar aqueles que não observam as leis do mundo cigano. Neste sentido, a ferradura é usada para afastar a má sorte, evitar a inveja, atrair a prosperidade e a fertilidade. Além de ser um talismã, a ferradura era usada como meio de comunicação entre os ciganos. Para cada disposição de seus cravos, existia uma mensagem a ser dada sobre o animal a ser negociado, ou, até mesmo, sobre seu proprietário e suas intenções.

Moedas mágicas

As moedas de ouro são muito apreciadas pelo povo cigano e são usadas como jóias. Nômades, não usavam os cofres dos bancos para guardar seu dinheiro. E a melhor maneira de levar o dinheiro era junto de si, ou num colar, em pulseiras ou mesmo em uma pequena bolsinha de tecido que as ciganas costumam carregar presa à cintura, sob a saia, o *putsi* (saquinho). Muitas das moedas são transformadas em talismãs, e nos últimos 300 anos muitos textos mágicos sobre elas foram distribuídos pelo mundo. Os ciganos participaram desta distribuição, e como portadores do conhecimento oculto estavam em condições de reconhecer obras de magia onde quer que as vissem. Apesar de a maioria dos ciganos ser analfabeta e não saber ler estes livros, reconhecia suas ilustrações. Muitos ciganos estavam familiarizados com os títulos, quando não estavam com os textos. Muitos desses ciganos, principalmente os que permaneceram na Hungria, participaram da fabricação de talismãs em forma de moedas. Para os ciganos, era muito fácil fazer o talismã: pegavam uma moeda de ouro e trabalhavam em cima da impressão que já havia nelas. Faziam e ainda o fazem assim.

Na falta de uma moeda de ouro — que pode ser adquirida em qualquer agência dos bancos oficiais federais — usa-se, com sucesso, uma moeda de cobre, que é mais fácil de ser encontrada, até mesmo com os vendedores ambulantes de quinquilharias antigas. O cobre é o metal de Vênus, por isso é indicado para a fabricação de talismãs para o amor.

Alguns desenhos clássicos de talismãs para o amor estão reproduzidos aqui, para que você produza o seu. Há de se observar o seguinte: enquanto estiver desenhando na moeda, concentre suas energias no que estiver fazendo e cuide para que não haja qualquer incômodo.

Observe o dia da semana e a fase da lua, conforme indicamos no texto sobre a confecção de um talismã. Cuide para ter sempre em mente a imagem da pessoa amada e manifeste com pureza o seu amor verdadeiro por ela. No reverso da moeda (o reverso deve ser o lado contrário ao qual se iniciou a gravação dos símbolos), grave o nome do casal, seus signos astrológicos ou suas datas de nascimento, para torná-lo mais pessoal. Quando terminar a gravação dos símbolos, repita a dedicatória à lua, que indicamos no item "Pedra do Juramento de Sangue".

Moeda de cobre ou ouro

Um talismã para o amor deve ser feito sempre às sextas-feiras, com a lua cheia ou imediatamente antes desta fase (lua crescente). Deve ser de ouro (o cobre também serve). A maioria dos ciganos busca uma moeda e grava sobre ela os sinais com um cravo ou outro instrumento pontiagudo. É importante ressaltar que, enquanto se faz o talismã, a concentração de quem realiza o serviço deve estar voltada para o ser amado. Este talismã fará com que o amor se mantenha firme e dure a vida dos dois. Copie as figuras a seguir e produza o seu talismã da felicidade.

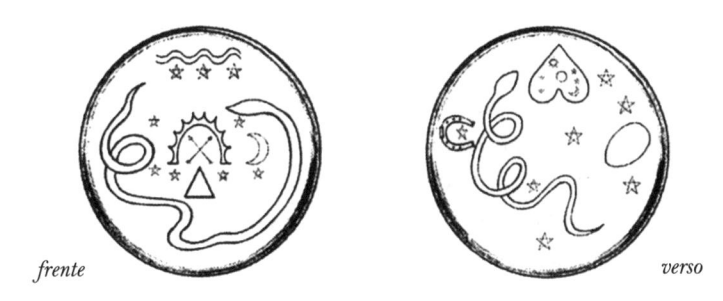

frente *verso*

Na mesma noite de lua cheia, lave o seu talismã em uma fonte de água natural, em uma cachoeira, rio límpido ou em água mineral natural, depois sustente-o em sua mão esquerda e sopre sobre ele sete vezes. Apresente o talismã à lua, para que sua luz o ilumine. Pronuncie sete vezes, em voz alta, o nome de seu amado. Finalmente, beije o talismã e use-o em uma corrente sobre o peito.

Colares para o amor

Certas sementes naturais levadas ao colo, em um colar ou como pingente, podem substituir um ímã preparado previamente para atrair o amor. As sementes de girassol e as avelãs servem perfeitamente a este propósito.

Girassol

Recolha as sementes, assegurando-se de que estejam limpas e secas (se desejar fazer um colar mais atrativo, acrescente sementes de melão entremeadas com as de girassol). Deixe as sementes de molho em água bem quente, por uma hora; depois, seque-as e, com uma agulha dura, passe uma linha forte, e comece a colocar as sementes uma a uma até que o colar esteja a seu gosto. Quanto às avelãs, já sem as cascas duras, é preciso perfurá-las previamente, com o cuidado de não partilas. Pode ser usado verniz incolor para garantir a preservação das sementes e a beleza dos colares.

Quem leva um colar de avelãs ou de sementes de girassol, atrai o sexo oposto e assegura a fertilidade. Portanto, cuidado!

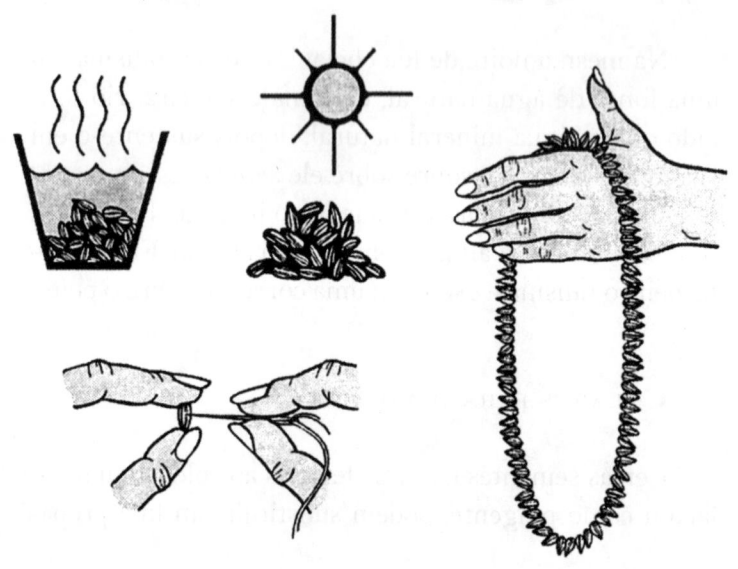

Que a boa sorte esteja sempre entre nós!

A erva cinco-em-rama ou a cinco-folhas, como preferem alguns, é indicada pelos ciganos para a Boa Sorte. Favorece um amor pleno e afortunado.

As folhas de louro têm o mesmo efeito. Trazer uma folha de louro, dentro da carteira ou da bolsa, atrai a sorte e o dinheiro. Quando escrever ao ser amado, coloque uma folha de louro com o nome dele(a). Isto fará com que aumente o seu amor por você.

As avelãs são símbolos do amor sexual e do desejo. Por isso, não recomendamos que sejam carregadas quando tudo corre bem com o ser amado. Quando tiver um(a) parceiro(a) ou namorado(a), coloque entre seus objetos pessoais uma avelã, sem que ele(a) se dê conta disso, e logo verá o fogo sexual que estará provocando, com pro-messas de fertilidade.

A hematita é um ímã natural. É muito bom para o sexo. Como ocorre com a avelã, leve uma hematita consigo e coloque a outra no bolso de seu amado. Os dois ímãs os unirão.

Os ciganos acreditam que, se uma mulher colocar uma lavanda (a flor da paixão) na faixa do chapéu ou no boné de um homem, este estará sempre pensando nela.

Para a chegada do fruto do amor

As velhas ciganas matriarcas, que passaram a vida nos carroções, ensinavam a facilitar a chegada do bebê, quando o parto lhes parecia difícil, colocando sob a cama da parturiente uma faca nova e bem amolada.

As ciganas grávidas, durante as refeições, cuidam para que os alimentos, nas panelas, nunca sejam mexidos no sentido anti-horário, para que o parto não seja difícil.

As parturientes soltam os cabelos para que o parto não seja "amarrado".

Uma vez nascido o bebê, é preciso envolvê-lo imediatamente numa camisa-de-padre. Isto lhe garantirá sorte, saúde e força.

Os nomes das crianças ciganas

O nascimento de um novo membro da tribo é motivo de alegria, pois tem um significado muito importante para a tribo e para os pais da criança. Isto fortalece o grupo, as tradições e é sinal de que a Boa Sorte estará sempre entre todos. Além disso, a presença de um novo ser significa que novas informações, novas visões do mundo estarão sendo colocadas em prol do grupo e da humanidade. Geralmente, a festa que comemora o nascimento de uma *chinorré* dura de dois a três dias. Mais tarde, ela deverá ser batizada em uma ou várias religiões, pois os ciganos valorizam muito a cerimônia de batismo.

As condições dos pais diante da tribo também mudam. Na verdade, o homem cigano só passa a ser considerado adulto assumindo todas as suas responsabilidades e até mesmo tendo prestígio para representar a família cigana a que pertence, depois de ter-se tornado pai. Já a mulher deixa de ser *bori* (nora) para tornar-se mãe — conseguindo, do mesmo modo, um *status* diferente dentro do grupo, obtendo dos demais respeito e conquistando mais autoridade.

O ritual dos nomes é o mais importante, pois é considerado um verdadeiro batismo cigano. No ato da primeira mamada, quando a criança suga pela primeira vez o leite do peito da mãe, esta lhe sopra em um dos ouvidos seu nome verdadeiro e secreto. Este nome só será revelado à criança após o seu casamento, e ninguém mais, a não ser a mãe, deverá conhecê-lo. Depois, a criança recebe um nome civil, pelo qual deverá ser conhecida pelo mundo não-cigano. É com este nome que ela deverá ser registrada no cartório. Por último, a criança recebe o nome pelo qual deverá ser tratada pelos ciganos. Sua relação com o mistério e a magia começa assim que inspira pela primeira vez. O nome secreto é uma garantia de que nenhum espírito mau poderá atingi-la. Por isso, é comum saber que os ciganos e os filhos de ciganas casadas com *payos* (não-ciganos) têm mais de um nome verdadeiro. Isso nada mais é do que um costume dos ciganos, que vem desde os primórdios.

Capítulo III

A Magia do Amor

A energia do amor é, por si só, mágica. E o que o pensamento produz com essa energia é ainda mais profundo, pois penetra irremediavelmente no espaço áurico do outro. Por isso, é preciso ter certeza da existência do seu amor por outra pessoa, antes de recorrer aos atos de magia cigana. É muito perigoso solicitar magicamente algo que não podemos suportar, caso estejamos enganados quanto à correspondência de nossos sentimentos ou do sentimento propriamente dito.

Os ciganos costumam dizer que o poder da magia está em quatro ingredientes básicos: o primeiro deles é a vontade. Quanto maior a vontade de se obter o que se pede com magia, mais fácil.

A concentração, ou a firmeza de pensamento, como se costuma dizer, é o segundo ingrediente mágico mais importante. Para a eficácia de qualquer ato mágico, é preciso vibrar em direção ao que se deseja. Somos, neste momento, um elo entre a força e a vontade.

Não existem as varinhas mágicas dos contos de fadas infantis. Não é possível tocar com a varinha mágica, dizer *Abracadabra*, e pronto! Tudo se faz e se resolve. Em Magia Cigana tudo é muito diferente. Existe um tempo próprio para o efeito das coisas. Há feitiços que podem fazer efeito em 24 horas, mas, geralmente, é preciso mais tempo. Semanas ou meses. Por isso, o terceiro ingrediente é a paciência. Faça a sua magia com toda a força de sua vontade, com toda a concentração e, se possível, esqueça-a. Não reclame de efeitos que não surgiram dentro do prazo de sua necessidade, e só assim o resultado será mais rápido, pois a ansiedade é inimiga da paciência.

O último ingrediente é o segredo. Os ciganos não dizem quando estão fazendo magia, muito menos o que estão fazendo. Fazem tudo em silêncio e no segredo de seus corações. Por isso, dizemos que precisamos guardar silêncio sobre o que estamos fazendo. Se fizermos alarde sobre o que estamos realizando a outras pessoas, a única coisa que conseguiremos é enfraquecer a força do que estamos querendo.

Costumamos nos lembrar, quando falamos sobre este assunto em nossas Salas de Conversa, de um palestrante que chamava muito a atenção da platéia se dizendo mago e excitando as pessoas quanto ao que se poderia conseguir por intermédio da magia. Ele recitava aos quatro cantos que magia era poder e ter poder no mundo de hoje é fundamental.

Não posso dizer que ele esteja de todo errado. Mas garanto que um mago diz que magia é — indubitavelmente — poder. Mas Poder é Silêncio!

RECOMENDAÇÕES IMPORTANTES

A Magia Cigana deve ser praticada sempre em lugares abertos, ou melhor, ao ar livre, principalmente em campos e bosques que não sejam públicos ou sirvam de espaço ao lazer de outras pessoas. Os verdadeiros magos respeitam — e muito — o espaço comunitário. Existem feitiços que necessitam do uso de determinadas árvores e plantas, que, muitas vezes, não são encontradas em metrópoles. Porém, isso não é desculpa para deixar de realizar os seus propósitos mágicos. Quem quer ser feliz tem de lutar por isso e sacrificar a tediosa acomodação dos limitados.

Portanto, prepare-se para a empreitada que é, muitas vezes, pesquisar ingredientes que não são conhecidos e, principalmente, buscar o lugar ideal para que você realize o seu feitiço sem preocupações, concentrado(a) naquilo que deseja conseguir com a Magia Cigana. Se, no entanto, suas desculpas pessoais causarem impedimento para que se realize o ato mágico, averigúe com mais isenção seus próprios desejos, para que não seja dado curso às situações indesejáveis.

Os outros ingredientes recomendados estão relacionados nos próprios feitiços. Há que seguir à risca as receitas que me foram passadas ao longo de minha vida e, em minha jornada por vários lugares, porque, para a imprudência de cada um, existe um preço a ser pago.

Na falta de um dos ingredientes, nunca o substitua por outro, caso não haja esta recomendação. Este procedimento poderá colocar tudo a perder.

De um modo geral, as receitas são simples, mas eficazes, caso você não duvide disso, pois este modo de pensar atrapalha — e até anula — o que o Cósmico guarda como resposta benéfica para os seus desejos.

Buscando o amor

Antigamente, os casamentos ciganos eram tratados antes da puberdade dos noivos. Hoje em dia, existem poucos casos que seguem o rigor da tradição, e cada vez mais tem-se procurado levar em consideração as afinidades dos futuros cônjuges.

Os casamentos ciganos eram realizados de três formas diferentes: por rapto (à força ou com o consentimento da parceira), por compra literal (o pai da noiva estipulava o valor que deveria ser pago pelo pai do noivo) ou por consentimento mútuo dos noivos. Em todas as situações, porém, as famílias dos noivos discutem o dote da noiva.

Não existe anel de casamento, como na sociedade civil, mas é dada à noiva uma moeda de ouro que deverá ser levada em um colar. A medalha mais apreciada pelos ciganos Lovaras é a que leva a efígie do Jubileu da Rainha Vitória da Inglaterra. Realizada a cerimônia de casamento, que dura em média três dias, a noiva passa a usar um *dicklo* (lenço amarrado aos cabelos ou em outra disposição qualquer) que distingue a mulher casada da mulher solteira.

Para um grande amor

Existe alguém em quem você está muito interessado. Ele — ou ela — pelo visto também percebe sua presença, mas este caso de amor não encontra uma maneira de ter espaço para fazer chias pessoas felizes. Este feitiço não é para atrair um parceiro, mas para "abrir os caminhos" da relação, para que, se o interesse existir, ele — ou ela — o manifeste livremente.

A pessoa interessada coloca sobre uma mesa limpa um jarro com vinho. Em seguida, amarra uma aliança de ouro ou cobre em uma fita de seda vermelha. Ela, então, segura a fita entre o polegar e o indicador, como se fosse um pêndulo; apóia o cotovelo sobre a mesa e deixa que a aliança toque a boca do jarro de vinho.

A pessoa deve dizer o seu próprio nome em voz alta e com clareza. Em seguida, menciona o nome da pessoa amada três vezes. Então, com a imagem da pessoa fixa em seu pensamento, deixe o anel oscilar até que faça "tim-tim" na boca da garrafa de vinho, uma vez para cada letra, cada vez que se pronunciar o nome da pessoa amada.

A seguir, a pessoa deve pegar a fita vermelha e amarrá-la no pescoço, deixando que a aliança fique pendente sobre o coração, por três semanas. Em todas as três sextas-feiras, a pessoa deverá repetir este ritual. Até a terceira semana o namoro deverá ter começado, caso haja realmente interesse de ambas as partes.

Para descobrir o futuro amor

Se houver interesse por mais de uma pessoa, e a dúvida não puder ser dissipada rapidamente, o melhor é recorrer à Magia Cigana, que tem um antigo ritual que só pode ser realizado na fase de lua cheia.

Procure um lugar calmo, onde não seja incomodado e longe de qualquer ruído que disperse a sua atenção. Sobre a mesa, que deverá estar diante de si, estenda um tecido de cor preta. Sobre o tecido, coloque um copo transparente e liso, com água mineral (pode ser água de uma fonte, nascente ou cachoeira, melhor ainda). O copo deve estar cheio até a borda. À esquerda do copo, coloque uma vela branca acesa, que deverá ser a única luz do ambiente. À direita do copo, queime uma vareta ou cubo de incenso de jasmim, rosa ou sândalo.

Feche os olhos, busque a quietude de sua alma. Faça três respirações completas e profundas. Projete em sua mente os rostos dos possíveis cônjuges, mas mantenha os olhos sempre fechados. Diga três vezes em voz alta:

A ti conjuro.
Mostre-me o rosto que virá para num.
Deixe-me contemplar o meu futuro cônjuge,
para que eu saiba quem deverá ser o meu grande amor.

Feito seu pedido, permaneça em silêncio, com a mente clara, como uma tela em branco. Vá abrindo os olhos lentamente e observe a água que está no copo. Procure interpretar a imagem que se apresenta nela. Eis o rosto de seu futuro cônjuge!

Para atrair o amor de outra pessoa

Lançamos mão deste feitiço quando o(a) parceiro(a) se mostra desatento. Você sabe que ele(a) a(o) ama, mas não existe estímulo, embora você tenha se certificado de que fez tudo o que estava ao seu alcance.

Coloque-se diante de uma pequena fogueira que está apagando e contemple o fogo. Livre sua mente de todos os pensamentos, menos daqueles que tiverem relação com a pessoa amada. Obtenha um cesto com folhas de louro e retire um punhado com a mão esquerda, atirando-o, em seguida, ao fogo. Enquanto as folhas se queimam no fogo que se acaba, diga o seguinte:

> *Folhas de louro que ardem no fogo,*
> *cumpram o desejo de meu coração,*
> *o mais rápido possível.*

Espere que as chamas se apaguem, e, um dia depois, repita a ação. Faça mais uma terceira vez. Em menos de uma semana, o seu amor irá visitá-la(o).

Este outro feitiço é usado para a mesma finalidade. É valoroso, no entanto, declarar o que se sente em seu interior. Se não estiver segura(o) de que a outra pessoa em questão está interessada em você, desista de fazê-lo. Se acontecer de a pessoa amada dizer que foi mal interpretada em suas atitudes e sentimentos, não faça o feitiço, para que não tenha desventuras mais tarde.

Este feitiço deve ser feito durante sete sextas-feiras consecutivas, à mesma hora, acabando no dia que seja mais próximo da lua cheia (antes que a lua alcance a sua plenitude, e não imediatamente depois). Pegue uma vela rosa e faça, com um canivete, seis anéis ao seu redor, na mesma distância um do outro. Assim, a vela ficará dividida em sete partes.

Acenda a vela e diga o nome da pessoa que você acredita que corresponda ao seu interesse. Depois, diga o seguinte:

Gana*, esteja comigo em tudo o que eu fizer.
Gana, por favor, traga-me um amor verdadeiro.
Dê a fulano(a) a oportunidade de manifestar os seus sentimentos e que cante como os pássaros.

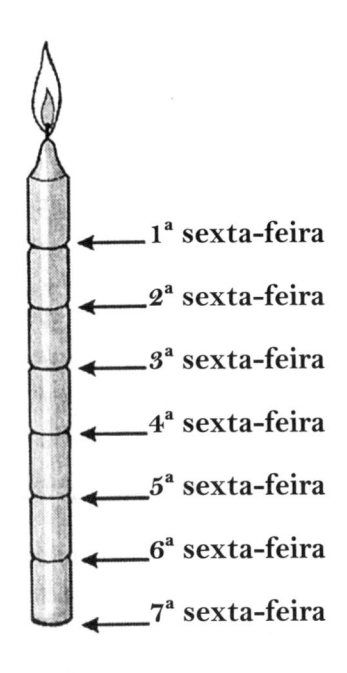

← 1ª sexta-feira
← 2ª sexta-feira
← 3ª sexta-feira
← 4ª sexta-feira
← 5ª sexta-feira
← 6ª sexta-feira
← 7ª sexta-feira

(*) Gana=Diana, deusa que tem uma afinidade muito grande com a lua.

Pense na outra pessoa, por uns instantes. Ilustre em sua mente a cena em que esta pessoa lhe declara o seu amor, e repita outra vez a estrofe anterior. Mantenha esta mentalização até que a vela chegue à primeira linha; depois, apague a vela com um abafador próprio, como um dedal metálico ou uma tampinha de refrigerante, sem a parte de borracha, e guarde-a até a próxima semana.

Repita o ritual por mais seis vezes, sendo que, na última sexta-feira, você deverá deixar que a vela se queime até o fim.

Chamando a atenção da pessoa amada

Se a pessoa amada não se dá conta do sentimento que lhe é atribuído por você, chame sua atenção com este feitiço.

Busque a marca de suas pegadas na terra. Retire um bocado da terra onde fora produzida a pegada. Faça um saco de tecido ou couro com o molde de sua pegada e encha-o com a terra. Enterre tudo aos pés de uma árvore frondosa e que dê frutos doces, dizendo o seguinte:

> *Na Terra existem muitas terras.*
> *Eu quero que conheças o meu amor.*
> *Ele (ela) é a flor; eu sou o talo.*
> *Ele (a) é o (a) gato (a), eu sou a (o) gata (o).*
> *Cresça, bela árvore, cresça!*
> *Não sofras o que sofro eu.*

A partir de então, verá como a pessoa amada começará a prestar mais atenção aos sentimentos que você tem por ela. No entanto, seja prudente e perspicaz. É agora que começa a verdadeira conquista. Por mais que a Magia Cigana possa ajudá-lo, vá com muita calma e serenidade.

Os limões que falam

Para descobrir se o seu amor será mesmo o seu cônjuge, faça este feitiço. Pela manhã, quando se levantar, descasque um limão branco pequeno. Corte-o em partes iguais. Junte as partes em seguida. Coloque as duas metades do limão dentro de uma bolsinha verde e carregue-a consigo durante todo o dia. Quando for dormir, esfregue os dois pés da cama, que ficam em oposição à cabeceira, com uma das partes do limão. Depois, pegue as duas metades do limão e coloque-as debaixo de seu travesseiro. Se você sonhar com a pessoa amada, seguramente já conhecerá o seu cônjuge.

Agulhas do amor

Colha uma folha de confrei ou losna e embrulhe delicadamente nela duas agulhas virgens de costura manual, cuidando para inverter as posições dos furos por onde é passada a linha. Cubra todo o embrulhinho com linha vermelha de um torçal virgem (não há necessidade de se usar toda a linha). Coloque tudo em um saquinho de tecido vermelho, de seda ou algodão, que deverá ser costurado à mão por quem quer o patuá. Faça um fio trançado " de linha grossa vermelha de bordado, para pendurar o saquinho, e traga-o no pescoço para atrair o amor de uma outra pessoa, ou faça uma argolinha com a linha que costurou o patuá e pendure por dentro da roupa, com o auxílio de uma pregadeirinha dourada.

Querendo desfazer-se do efeito desta magia, retire as agulhas do saquinho vermelho e quebre-as.

Para dedicá-lo a alguém especificamente, pingue sobre as agulhas, antes de colocá-las no saquinho vermelho, três gotas de uísque de boa qualidade ou de rum.

Este patuá não deve ser usado enquanto se faz sexo. Tire-o e guarde-o, sem que a outra pessoa veja.

Noz-moscada para o sucesso no amor

Em diversas culturas do mundo, a noz-moscada tem a reputação de ser um excelente amuleto, que carrega consigo todas as qualidades positivas do planeta Júpiter. Traz boa sorte, saúde, prosperidade e garante o sucesso no amor.

Prepare um patuá, na lua cheia, com um pedacinho de camurça ou flanela vermelha, uma noz-moscada ralada, gotas de seu perfume preferido, uma granada bruta e uma moeda de cobre antiga. Lave a moeda, coloque no patuá com uma granada (cristal de rocha, rolado ou bruto) e diga sobre ela o seguinte:

> Opré the rooker, André the vesh
> Si chiriklo ta chirikli;
> Telé the rook adré the vesh
> Si piramno ta piramni.

O que siginifica: *Os pássaros estão sobre as árvores do bosque. São machos e fêmeas. Sob as sombras das árvores do bosque estão os amantes. São machos e fêmeas e se amam.*

Traga o seu patuá preso com uma pregadeirinha dourada junto a seu coração, ou pendurado no pescoço, mas sem que os outros possam vê-lo.

Vermelho — a cor do amor

Os ciganos costumam dizer que encontrar qualquer coisa de cor vermelha traz sorte no amor. Uma fita, um pedaço de lã, um botão, qualquer coisa mesmo. Pegue o objeto e guarde-o consigo. Será para você um amuleto.

Enquanto se abaixa para pegá-lo, pense na pessoa amada e diga:

> *Vermelho é o meu sangue.*
> *Vermelho é o meu coração.*
> *Sorte de Amor; não te afastes jamais.*

A CHAVE PARA ABRIR CORAÇÕES

Encontrar uma chave traz boa sorte. Qualquer chave traz sorte, uma chave antiga, em especial. Também ao encontrar a chave, algumas palavras devem ser pronunciadas:

> *A chave para abrir seu coração*
> *no chão está.*
> *A chave para abrir o seu coração*
> *já foi encontrada.*
> *Teu amor estará guardado em meu coração.*
> *Sempre estará guardado em meu coração.*

Enquanto pronuncia estas palavras, pense na pessoa amada. Mentalize uma união para sempre. Durma com a chave sob o seu travesseiro durante nove noites e, durante o dia, carregue-a consigo. Depois, guarde-a em um lugar seguro.

A FESTA DE CASAMENTO

É um costume antigo dos ciganos pegar um sapato velho e atirá-lo nos galhos de uma árvore frondosa. Se o sapato cair no chão, não haverá festa de casamento nos próximos 12 meses. Mas, se o sapato ficar preso nas folhas da árvore, então haverá casamento em menos de um ano.

Atraindo um amante

Recomendo esta magia para aqueles que, estando solitários, sem um amor, desejem sair deste estado. E, como não existem nomes, pode-se vibrar em direção àquelas pessoas que possuam qualidades que consideramos importantes em um(a) companheiro(a).

O âmbar é muito apreciado pelo povo cigano. É considerado, pelas suas propriedades, uma "pedra" preciosa, embora seja, na realidade, a resina fossilizada e endurecida do pinho.

Para este feitiço, pega-se um pedaço de âmbar, com ou sem inseto incrustado nele, e, em uma manhã de sexta-feira, logo ao se levantar, deve-se segurá-lo mantendo a mão esquerda fechada. Leve a mão com o âmbar até a altura do coração, concentrando seu pensamento no tipo de pessoa que deseja atrair. Visualize todos os detalhes desta pessoa: altura, cor dos olhos, dos cabelos e as qualidades que mais apreciaria nele(a). Imagine você junto a esta pessoa, passeando por um jardim, de mãos dadas.

Beije o âmbar e envolva-o com cuidado em uma seda rosa ou vermelha. Traga-o consigo durante sete dias seguidos, colocando-o, sob o travesseiro, quando for dormir. A cada manhã, repita a visualização e fortaleça seu pedido ao Cósmico. Não retire o tecido que cobre o âmbar para este procedimento. Ao final de sete dias, terás o sinal de que a pessoa mentalizada virá ao seu encontro.

Para o homem atrair uma mulher

As maniguetas, também conhecidas como sementes-do-paraíso ou pimentas-da-guiné, são apreciadas para os feitiços ciganos. São adequadas para a confecção de patuás que devem ser usados especificamente por homens que tenham a intenção de atrair determinada mulher, em especial.

Colocam-se sete grãos de sementes-do-paraíso em um saquinho feito manualmente com tecido de algodão ou seda vermelha. As sementes devem ser amolecidas em água fervente por 10 minutos, e esta água, reservada. Acrescenta-se às sementes um ímã de qualquer formato. Com a água utilizada para amolecer as sementes, lave o sexo.

As cartas falam de amor

Os ciganos utilizam as cartas de jogo e as do Tarot com freqüência para compreenderem melhor o que se passará entre os pares de apaixonados. Até os nossos dias, este é um dos principais motivos — se não o principal — que levam um consulente a uma mesa cigana.

Existem vários métodos para que se chegue a esta conclusão, mas aqui trataremos de um método muito difundido entre os ciganos Lovaras, usado quando alguém não sabe por qual pretendente decidir.

Fazendo o jogo

Escolhe-se uma carta como representante do consulente. Para o homem, um dos reis; para uma mulher, uma das damas. O naipe determina a cor da pele: pele clara = ouros; pele morena = paus; pele mulata = copas; pele negra = espadas.

Separada a carta representante, coloque-a no meio da mesa de jogo e embaralhe as cartas restantes nove vezes. Depois, corte as cartas com a mão esquerda, para o lado esquerdo, obtendo-se dois montículos de cartas. Juntamos os montes na forma inversa, ou seja, o que estava embaixo, ficará em cima. Assim, retire as três primeiras cartas e coloque na seqüência indicada no esquema, ou seja, ao alto e à esquerda da carta que representa quem consulta as cartas. As três seguintes, à direita; e, assim, até que se tenha três fileiras de cartas (cada uma delas com três cartas), de cada um dos lados da carta representante. Todas as cartas estarão viradas para cima.

As cartas da esquerda representam o(a) pretendente mais jovem; as cartas da direita, o(a) pretendente mais velho(a). A primeira coisa a fazer é somar os totais de cada fileira de cartas, o que dará uma prévia idéia do valor que tem cada uma das pessoas para o consulente, sendo o valor mais alto, o melhor.

Por exemplo: vamos supor que as cartas da esquerda, nas três fileiras, somem os seguintes números: 9 + 6 + 7 + 4 + 1 (Ás) + 11 (Valete) + 2 + 3 + 13 (Rei) = 56. As cartas da direita somam: 10 + 2 + 12 (Dama) + 4 + 6 + 13 (Rei) + 7 + 1 + 9 = 64. Obviamente, o valor das cartas à direita é mais alto, definindo, assim, a quem se deve dar mais crédito, para uma relação segura.

A presença de um número maior de figuras em determinado lado, mostra que a pessoa a quem elas dizem respeito será mais responsável, com mais autoridade sobre os outros. No entanto, os ases predizem sucesso em vários empreendimentos importantes. Se os naipes vermelhos forem predominantes, significa que o coração se sobrepõe à cabeça, mas se forem os naipes negros os predominantes, é exatamente o contrário. Este método não invalida uma interpretação de carta por carta, mas têm-se sempre uma idéia geral e elementar do que se está pesquisando em dois pretendentes distintos.

Sonho de amor

Outra maneira de saber com quem você irá se casar, consiste no seguinte: pegue uma tigela de barro e uma haste de madeira. Encha-a de água mineral ou água de um rio ou cachoeira. Coloque a haste de madeira atravessada nas bordas da tigela para representar uma ponte sobre um rio.

Em uma noite de lua cheia, coloque a tigela de barro com a haste sobre sua cama, antes de dormir. Concentre seus pensamentos em uma verdadeira ponte sobre um rio sereno e de águas claras. Diga a si mesmo(a) que sonhará com ele (o rio) nesta noite. Certamente, você se verá em sonho, cruzando a ponte e, na metade do caminho, cairá na água. Não se preocupe, pois você será salvo(a).

Assim, vá mentalizando, ao longo do dia, preparando-se para esta experiência, reforçando estes pensamentos antes de adormecer, para que não haja qualquer contratempo durante o sono. Mas preste bastante atenção! Logo que acordar, tente lembrar quem veio salvá-lo(a) e o (a) retirou da água. Esta pessoa é seu futuro cônjuge.

Para definir o futuro amor

Há três possíveis amores... Mas, qual deles deverei escolher? Para responder melhor a esta pergunta, proceda desta maneira: à noite, antes de dormir, escreva os nomes dos(as) pretendentes em três pequenos pedaços de papel e coloque-os sob o seu travesseiro. Quando for se deitar, feche os olhos e concentre-se em cada um deles. Leve a mão até debaixo do travesseiro e pegue um dos papéis. Não o leia ainda (a luz do quarto deverá estar apagada) e deixe-o cair no chão, ao lado da cama.

Pela manhã, deslize outra vez sua mão para baixo do travesseiro e pegue outro papelzinho. Deixe-o cair também no chão. O nome que ficou sob seu travesseiro é o que está destinado a você. Se forem mais de três nomes, tire-os um por um, até que, no final, reste apenas um papelzinho.

Para aumentar as chances de escolher

Pode ser um problema quando uma pessoa tem pretendentes demais e necessita limitar este número. Mas, o que se passa quando ocorre exatamente o contrário? Caso exista um ou dois pretendentes, e nenhum deles desperte em você o desejo de dar-se em uma relação mais profunda? Como aumentar suas possibilidades com outros pretendentes?

Uma maneira prática de resolver este problema é pela magia, como fazem os ciganos. Com um pedaço de filó cor-de-rosa, faça uma pequena bolsinha de 8cm por 15cm, e amarre-a com uma fita do mesmo tom. Em um lado da bolsinha, borde suas iniciais. Do outro lado borde um coração. O bordado deve ser feito com linha vermelha. Coloque na bolsinha uma avelã grande e duas outras menores (ou mais, segundo o número de admiradores que gostaria de ter).

A cada manhã, quando você se levantar, pegue a bolsinha e coloque nela mais avelãs, até que somem oito avelãs: uma para você e as outra sete para os sete admiradores. Isso deve ser feito antes de se tomar o café da manhã.

Para começar, a cada noite durma com a avelã grande sob o travesseiro. Durante o dia, você deve colocá-la de novo na bolsinha e carregá-la em um cordão vermelho sob a roupa, pendendo do pescoço e repousando sobre o coração.

Três dias depois, notará que seus admiradores começam a surgir. Com o tempo, o número de pretendentes pode chegar a sete. Se preferir deixá-lo em seis, cinco ou menos, deixe de levar a bolsinha consigo. Já existe um número bom de pretendentes, e sua escolha poderá ser mais acertada.

Caso não tenha facilidade para encontrar avelãs para realizar esta magia, você pode substituí-las por grãos de feijão-branco ou feijão-fradinho, moedas de cobre, sementes de *flamboyant* (as que estão dentro da fava) ou sementes de girassol. Esta substituição só é recomendada para este tipo de magia. Não se aventure a trocar avelãs por outra coisa qualquer nos demais feitiços de amor.

Capítulo IV

A Família Cigana

O núcleo familiar é muito importante para manter a força da tradição cigana em um mundo cada vez mais difícil. Por isso, é sorte para a família ter sempre crianças à volta dos acampamentos, mesmo porque um *Rom* só recebe todo o respeito dos demais quando se torna pai.

As famílias mantêm a tradição de passar para os mais jovens o ofício dos mais velhos e experientes, sem que haja preocupação com a receptividade do mercado econômico. Os pequenos, desde cedo, são treinados para os negócios, aprendendo a arte do convencimento e da boa argumentação. Do mesmo modo, as ciganas de acampamento — muitas se sedentarizaram e deixaram algumas das tradições — passam para as meninas a feitura das tarefas domésticas, a fim de prepará-las para o casamento. A leitura das mãos, a técnica de sentir e traduzir o pensamento e as aflições dos outros, de fazer magia e a leitura das cartas são mais do que uma iniciação, especialmente se a criança tiver sido concebida em condições especiais para que se torne uma feiticeira. Por tudo isso, a família cigana está sempre unida.

Mas, como ocorre com todas as famílias, em algumas ocasiões esta unidade e harmonia ficam ameaçadas. Existem ocasiões em que se precisa fazer magia para reforçar os laços familiares que garantem a sobrevivência de um grupo. Eis aqui alguns dos feitiços e simpatias mais eficazes para resolver e amenizar problemas familiares.

Família unida

Este feitiço pode ser feito para unir duas ou mais pessoas, e também pode ser usado por enamorados. É bastante eficiente e deve ser aplicado sempre que acontecem desavenças entre membros da família, sejam filha e mãe, ou marido e mulher.

Corte uma mecha de cabelos de cada uma das pessoas envolvidas na situação. Isto deve ser feito na lua crescente, ou seja, entre a lua nova e a cheia. Junte as cluas mechas de cabelo com uma fita vermelha que deve atá-las firmemente em sete voltas. Envolva as mechas unidas em um tecido branco, no formato de um pequeno lenço, e enterre tudo em um jardim florido, tendo o cuidado de regar a terra com perfume de alfazema ou lavanda. Pede-se a Deus que perfume os caminhos daquelas pessoas, e as tornem tão unidas quanto estão as mechas de seus cabelos.

Harmonia no lar

Prepare uma infusão com raízes de valeriana (*Valeriano, officinales*) que seja suficiente para todos os membros da família.

Passa-se a infusão da erva pelo coador. As ervas frescas são mais recomendáveis, mas, em sua falta, usa-se com sucesso as secas, desde que estejam bem acondicio-nadas. Normalmente, são usados 50 g de folhas por litro de água férvida, e auxilia-se o processo de infusão massacrando as folhas com um bastão de madeira ou metal (uma colher de pau é excelente). Isto garante que a planta libere todas as suas virtudes mágicas. A infusão deve voltar ao fogo brando por mais uma hora, depois do que, já se terá evaporado a metade da água. Isto deve ser feito utilizando-se um recipiente de ferro, aço inoxidável, ágata, vidro ou cerâmica.

Quando a infusão estiver pronta, coloque-a em uma xícara e cubra-a com água quente. Reúna todos os membros da família em um círculo, ou em torno de uma mesa, e sirva uma xícara da infusão a cada um deles. Salpique a sobra da tintura obtida com a valeriana, que ficou em cada xícara, pelos quatro cantos de cada cômodo da casa e nos armários maiores.

Feito isto, a mãe ou a mulher mais velha da família deve reunir a família de mãos dadas para que ouçam sua bem-aventurança:

>*Que a paz entre nesta casa*
>*E permaneça com todos que nela vivem.*
>*Que a harmonia esteja sempre aqui*
>*E o nosso amor seja abundante.*

Banhos para o amor e a união

Muitos costumam dizer, preconceituosamente, que os ciganos não gostam de tomar banho. Aqui, no Brasil, isto não tem o menor fundamento, mas, entre os ciganos da Ásia e Europa, os hábitos de higiene acompanham as baixíssimas temperaturas, fazendo com que o banho não seja tão freqüente. Além disso, os antigos ciganos, que viviam sempre na estrada, tinham muita dificuldade em armazenar água potável para a preparação dos alimentos e para matar a sede, o que dificultava ainda mais as coisas. No entanto, é do povo cigano que se originaram os banhos rituais mais eficazes e famosos.

Os banhos de ervas são muito eficazes, tanto para o amor como para resolver outras situações adversas do dia-a-dia.

Tome seus banhos energéticos sempre após o banho de asseio normal, pois a finalidade do banho energético é energizar, e não limpar.

Nunca jogue os ingredientes dos banhos energéticos no lixo. A Natureza não lhe dá um presente para que você utilize e depois jogue-o fora. Guarde tudo em um saquinho até que possa colocar junto à terra, ou aos pés de uma árvore ou em um vaso, que não esteja dentro de casa.

Cuidados especiais com as ervas

A maior parte das receitas de banhos ciganos pede que as folhas verdes, pétalas de flores, frutas e suas cascas sejam postas de molho ou maceradas com as próprias mãos. Não se pode usar qualquer instrumento para triturá-las, sob pena de se perderem suas propriedades.

Quando as flores, folhas, frutas e sementes estiverem secas, faça uma infusão. Nunca cozinhe, mesmo em fogo brando, qualquer ingrediente dos banhos ciganos ou até mesmo de seus chás.

Todos os banhos ciganos devem ser tomados desde a cabeça até os pés, pois ninguém tira a cabeça para tomar banho. O que se quer é renovar as energias da aura e intensificar o seu campo com as propriedades de cada ingrediente do banho, o que, para ser feito, obriga-se que o banho energético deva ser tomado da cabeça aos pés.

Não se enxugue após qualquer banho cigano. Deixe que o corpo seque naturalmente, ou coloque as roupas com o corpo ainda úmido.

Procure tomar os banhos ciganos sempre após as 18 horas e procure não sair de casa depois. Quanto mais tempo você permanecer com esta mistura no corpo, melhor.

Como no Brasil faz muito calor, se precisar tomar um banho no dia seguinte antes de sair para o trabalho, faça outro banho de ervas, caso o período recomendável para a sua utilização seja de mais de 24 horas. Então, se num dia você toma três banhos de ervas e o seu tratamento é de três dias, você deve tomar nove banhos de ervas.

1 — Recolha pétalas de rosa cor-de-rosa, jasmim, menta e folhas de calêndula, em proporções iguais. Deixe tudo de molho em água mineral. Coloque a vasilha no sereno por uma noite inteira, no período de lua crescente ou cheia. No dia seguinte, pela manhã, macere todos os ingredientes, côe e deixe repousar até o cair da tarde. Tome o seu banho por três dias, tendo em mente os seus desejos amorosos.

2 — Pegue um punhado de folhas de alecrim, flores de lavanda e uma colher de tomilho. Se estiverem secas, faça uma infusão; caso contrário, macere tudo e tome o seu banho para conseguir atrair parceiros sexuais.

3 — Coloque de molho 13 folhas de menta, três cravos brancos despetalados e folhas de um galhinho de manjerona. Proceda como no primeiro banho. Ajuda a intensificar a compreensão entre os parceiros.

4 — Recolha 10 folhas de verbena, no primeiro dia de lua cheia, antes que amanheça, e misture a pétalas de três rosas vermelhas. Proceda como no primeiro banho. É afrodisíaco.

5 — Rale um pêssego, uma maçã vermelha, uma pêra e meio melão. Junte a esta mistura cerca de três litros de água, côe tudo e tome o seu banho de frutas para ter uma noite de amor perfeita.

6 — O jasmim é usado para tratar a frigidez e a impotência. Suas pétalas devem ser maceradas em água de uma cachoeira ou mineral, com três folhas de verbena e pétalas de três rosas vermelhas (para mulheres) ou cravos vermelhos (para homens). Proceder como no primeiro banho.

7 — A sálvia ajuda a dissipar ilusões que se tenham em relação à pessoa desejada. É também usada para ajudar os que sofreram de amor por parceiros de comportamento difícil. Prepara-se uma infusão com uma xícara de chá da erva seca em dois litros de água. Proceda como no primeiro banho, observando que este deve ser feito em um período que não seja o da lua cheia ou crescente.
Enquanto estiver fazendo o tratamento com sálvia, faça o seguinte patuá: três folhas de menta, três tolhas de sálvia e três folhas de cinco-em-rama. Faça um saquinho amarelo-ouro de seda ou algodão e coloque nele as folhas, que devem estar verdes. Use-o para restaurar a auto-estima, perdoar-se de erros que tenha cometido, onde você foi o(a) mais prejudicado(a), e para que as pessoas de seu convívio possam confiar em você.

8 — A erva cinco-em-rama é usada para desinibir os mais tímidos parceiros. Eles, enfim, conseguem dizer o que realmente querem do outro, o que facilita a co-municação entre ambos. Faça um banho com 10 folhas de cinco-em-rama verde e proceda como no primeiro item.

9 — Faz-se um banho com nove avelãs (sem casca) e uma colher de açúcar, colocadas em infusão. Guarde as avelãs em um saquinho de seda ou algodão verde e tome este banho, caso deseje ardentemente ter um filho.

10 — Quando se suspeita de que um casal não consegue ter filhos por estar sofrendo a influência de algum espírito maligno, procede-se dessa maneira: coloque em infusão uma xícara de chá de erva-mate (a erva seca) em três litros de água. O casal deve tomar um banho com essa infusão já coada em uma noite de lua cheia.

Capítulo V

Amor para Sempre

Os procedimentos mágicos que se seguem visam à harmonia dos casamentos e à garantia de que as uniões possam durar, sem que percam o encanto das promessas de amor dos tempos de namoro.

Desenvolvendo o amor

Este feitiço é muito utilizado entre os ciganos para que o amor se mantenha cada vez mais forte e intenso.

Consiga uma muda de jacinto e plante-a no jardim ou em um vaso novo. Enquanto se planta a muda da flor, pronuncie o nome da pessoa amada sete vezes e coloque a terra com muito carinho, como se estivesse arrumando a cama do casal.

Com o passar do tempo, a muda da planta há de crescer e florescer, mas, a cada dia, observe-a e diga três vezes:

Dou meu coração ao meu amor.

Depois, pronuncie o nome da pessoa amada sete vezes. Assim, como cresce e floresce a flor, também será o seu amor.

A lenda da ferradura e a boa sorte no amor

Dizem que o melhor amigo do homem é o cão, mas o melhor amigo de um cigano é o cavalo. Um cigano de acampamento valoriza muito o seu cavalo, tanto que algumas tribos ainda mantêm o costume de matá-lo e enterrá-lo caso seu dono morra. Além disso, como se pode observar, os ciganos reverenciam muito a Lua. Diana — conhecida também como Gana — recebe homenagens durante gerações. Esta deusa tem forte relação com a Lua.

A relação entre o cavalo e a Lua está na ferradura. Os modelos mais tradicionais de ferraduras têm a forma de lua e, por isso, acredita-se que a ferradura atrai, para quem a usa como amuleto, as boas energias da Lua.

A prata é o metal da Lua. Assim, presentear a pessoa amada com uma pequena ferradura de prata é desejar-lhe boa sorte, e perdê-la é o maior sinal de mau presságio que se pode ter.

Como já dissemos, os ciganos usam a ferradura em seus acampamentos, com as pontas viradas para cima, para defesa contra maus espíritos e para atrair boa sorte. Mas você pode usar uma miniatura de uma ferradura em prata com sete marcas dos cravos, pendente em um colar, como um talismã para se proteger de pessoas invejosas e negativas.

Existe uma lenda cigana muito conhecida pelos Lovaras que conta o seguinte: Dizem que no mundo havia quatro demônios, conhecidos como Infelicidade, Má Sorte, Doença e Morte. A ferradura se converteu em um amuleto de boa sorte, depois que um *kaku* (feiticeiro cigano) se encontrou com eles. Um dia, quando saiu para cavalgar, o *kaku* foi atacado pelo demônio da Má Sorte. Enquanto galopava, uma das ferraduras do cavalo do *kaku* se soltou e atingiu o demônio, matando-o. O *kaku* voltou ao acampamento e colocou a ferradura sobre a porta de sua carroça. Mais tarde, os outros três demônios souberam do acontecido e foram tirar satisfações com o *kaku*. Chegando lá, viram a ferradura que atingiu o demônio Má Sorte sobre a porta da carroça do chefe cigano. Como o seu cavalo tinha mais três ferraduras, temeram pelas suas vidas e saíram correndo pelo mundo. Desde então, a ferradura é tida como um poderoso amuleto contra todos os males.

Mantendo a fidelidade do cônjuge

Se há dúvida quanto à fidelidade de um dos cônjuges, recorra a este antigo feitiço, que tem grande reputação entre os ciganos.

Pegue um dos pés de meia do cônjuge e junte a outro seu (se um for esquerdo, o outro deverá ser direito, e ambos usados), Arrume os dois pés de meia um diante do outro e envolva-os em duas partes de papelão, que imitem o formato dos solados dos sapatos de cada um dos cônjuges.

Fixe-os com um prego novo de mais ou menos 7cm. A cabeça do prego deve estar do lado da meia do cônjuge que se supõe ser infiel. Envolva tudo com um laço de fita ou lã vermelha, após dar sete voltas em torno das duas pegadas.

Em uma noite de lua cheia, vá a um jardim ou descampado e enterre tudo a 17 cm de profundidade, mais ou menos.

Durante o tempo em que as pegadas não forem molestadas, a fidelidade será mantida.

SELANDO O AMOR E A CUMPLICIDADE DOS AMANTES

Para que o casamento seja sólido, e marido e mulher sejam sempre fiéis um ao outro, realize, com ou sem a participação de uma pessoa mais velha e que queira bem a ambos, o ritual que se segue. Curiosamente, este ritual tem muita semelhança com uma antiga bruxaria, feita com corda.

O feitiço se faz com uma fita vermelha de aproximadamente um metro. A mulher ata o primeiro nó, o homem o segundo, a mulher, o terceiro, e assim sucessivamente até o nono nó.

Enquanto realizam o primeiro nó, no centro da fita, os dois dizem em voz alta:

Com este primeiro nó, damos início ao nosso casamento.

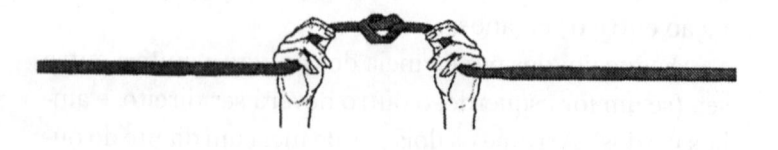

Enquanto fazem o segundo nó em uma das pontas da fita, os dois dizem:

Com este segundo nó, selamos nosso compromisso de amor.

O terceiro nó é feito no outro lado da fita. Ambos dizem:
Com este terceiro nó, prometemos ser sempre fiéis.

O quarto nó é feito entre a ponta e a metade da fita. Os dois dizem as seguintes palavras:

Com este quarto nó, atamos nossos corações.

Enquanto executam outro nó entre o centro e o outro extremo, dizem:

Com este quinto nó, nos amarramos um ao outro.

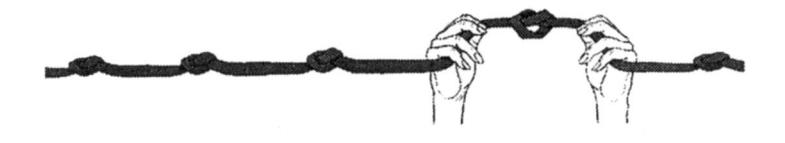

O sexto nó se faz entre o nó de uma das pontas e o nó seguinte, dizendo:

Com este sexto nó, nos sustentamos mutuamente.

No outro extremo, entre a ponta e o nó seguinte, faz-se o sétimo nó, dizendo o seguinte:

Com este sétimo nó, unimos nossas almas.

Entre o centro e o nó seguinte, faz-se o oitavo nó, dizendo-se:

Com este oitavo nó, nos protegemos mutuamente de todas as enfermidades.

Com um último nó entre o centro e o outro extremo, diz-se o seguinte:

Com este nono nó, decretamos que seremos uma só pessoa.

A seguir, guarda-se a fita com muito cuidado.

Atar um laço de amor

Existe outro feitiço que se faz utilizando uma fita vermelha, como a anterior. Desta vez, o objetivo é manter o homem fiel à sua mulher.

Pegue um pedaço de fita vermelha, que tenha aproximadamente o mesmo comprimento do pênis de seu parceiro, quando está ereto. Como achará essa medida, é uma questão que você deverá resolver sozinha.

Ponha a fita debaixo de seu travesseiro, ou amarre-a aos cabelos para tê-la à mão quando fizer amor. Depois que o seu parceiro estiver dormindo, pegue a fita e faça com ela sete nós. Cada um dos nós representa um dia da semana. Durante todo o tempo em que a fita permanecer guardada e todos os nós em perfeito estado, estará garantida a fidelidade de seu cônjuge.

Para manter duas pessoas unidas

Outro feitiço que serve para manter o casal unido, fazendo com que cada um dos cônjuges se sinta cada vez mais atraído pelo outro.

Pegue uma folha de hortelã e sustente-a na boca, virando-se para o Leste. Fixe o pensamento na pessoa amada, sustente a folha na palma de sua mão esquerda e, em direção ao sol, o mais alto que puder, diga:

De onde sai o sol, o meu amor sempre estará comigo.

Coloque de novo a erva na boca. Agora, volte-se para o Oeste, e fixe de novo o pensamento na pessoa amada. Sustente a folha na palma de sua mão direita, em direção ao Oeste, dizendo:

Onde se põe o sol, sempre estaremos juntos nós dois.

Coloque, mais uma vez, a folha na boca e olhe para o Norte. Projete em seu pensamento uma cena feliz, onde vocês dois são os personagens principais. Faça o mesmo em direção ao Sul. Depois, utilize esta folha bem picada na elaboração de um prato bem apreciado pela pessoa amada, ou, simplesmente, acrescente-a à comida que os dois irão comer.

Para esquecer uma desavença

Se vocês dois tiverem um desentendimento qualquer, faça o seguinte feitiço: pegue uma maçã grande e bem vermelha e corte-a no sentido transversal. Em cada uma das metades, escreva o nome de vocês dois e fixe um cravo vermelho sobre cada um dos nomes, regando com mel ou caldo-de-cana.

Junte as duas metades com um palito comum e siga até a margem de um rio ou cachoeira. Entregue a maçã encantada nas águas doces e pronuncie as seguintes palavras:

> *Gana, torne a nos unir,*
> *da mesma forma que foi feita com a maçã.*
> *Traga-nos a doçura do amor e da vida.*
> *Que toda a desavença desapareça*
> *Para sempre.*

Retornando à casa, prepare um incenso de lírio e queime no quarto do casal ou salpique pela casa água de flor de laranjeira.

Perdoando uma falta

Nem sempre é fácil para um dos cônjuges perdoar as faltas mais graves do outro. Com este ritual mágico, tudo se torna mais fácil e faz com que vocês se tornem bem mais unidos.

Pegue duas velas brancas e uma vermelha. Acenda as três velas em um ambiente calmo e recolhido. Pegue uma foto da pessoa que deve ser perdoada e estenda suas mãos em direção a ela. Ouça em seu coração a confissão de arrependimento desta pessoa e todo o constrangimento que ela está sentindo. Então, diga-lhe em voz alta as seguintes palavras: "Quero você. Perdôo você."

Depois, coloque em um prato branco duas moedas (uma por você e a outra pelo seu cônjuge). Com a mão esquerda, pegue a vela que é dedicada ao protetor espiritual do cônjuge e deixe que sua cera cubra a moeda a ele atribuída. Com a mão direita, faça o mesmo com a vela de seu protetor espiritual.

Agora, as duas moedas, cobertas de cera, devem ser coladas na vela vermelha, e as seguintes palavras devem ser repetidas três vezes:

> *Que meu amor por ti seja maior*
> *que esta ferida que me causaste,*
> *e que possamos estar felizes para sempre.*

Depois que todas as velas se queimarem, retire tudo de dentro de casa e enterre sob uma árvore frondosa.

Para este ritual, podem-se usar até as velinhas de aniversário. A importância aqui não é o tipo de vela a ser usado, mas o fogo — o grande transmutador — e a energia do espírito protetor de cada um dos cônjuges.

Para se ter um filho

Pegue um ovo e faça com muito cuidado um orifício por onde possa passar todo o seu conteúdo (clara e gema). Misture a gema com um cálice de licor de chocolate ou de vinho de uva moscatel. Acrescente uma colher de chá de noz-moscada, uma colher de sopa de mel e o sumo de um limão. Bata tudo com uma colher e beba de uma só vez.

Pegue a casca do ovo, encha de mel e leve às águas de uma cachoeira ou córrego. Diga com muita fé e alegria as seguintes palavras:

> *Gana, densa lua, mãe dos homens,*
> *Senhora da Fertilidade e do Amor,*
> *Floresça em meu ventre a vida de suas águas!*

Para conservar a beleza

A beleza das mulheres ciganas é conservada com o uso da água que se recolhe do orvalho, pela madrugada. Trata-se de um ritual que costuma ser realizado sempre a cada quarto crescente.

Você deve estar imaginando como seria possível recolher água de orvalho. É muito simples: as mulheres se abaixam e molham as mãos no orvalho que cobre as folhas e a grama, passando-as, em seguida, no rosto e no colo. Pode-se utilizar uma folha que esteja bem molhada de orvalho e passá-la no rosto e no colo.

Outra receita — mais popular — utiliza uma clara de ovo batida, que se aplica, em seguida, no colo e no rosto. Deixe a clara secar. Após 30 minutos, lave o rosto com água mineral. A gema deve ser colocada aos pés de uma roseira.

A SEDUÇÃO DA LUA

Este é um ritual de magia e beleza que torna a mulher mais sedutora. Em um espaço aberto, ponha-se nua e de pé diante da lua cheia, fazendo os mesmos gestos do banho. A mulher deve sentir-se uma verdadeira deusa.

Enquanto faz isso, deve ter seu olhar fixo na lua. Se passar uma nuvem diante da lua, é sinal de mau presságio. Se a lua permanecer clara e nítida durante todo o ritual, a mulher será mais encantadora a cada dia. Enquanto se banha, a mulher deverá dizer:

> *Lua, lua, lua bendita,*
> *Olha-me com o seu sorriso.*
> *Lua, lua, lua, dê-me a boa sorte*
> *De ser assim como tu, tão formosa.*

PARA QUE O HOMEM CONSERVE A VIRILIDADE

Este antigo feitiço deve ser feito pelo próprio homem que esteja sentindo desinteresse sexual.

Pegue um jarro de barro e o leve a uma cachoeira ou a um rio límpido. Recolha água desse rio no mesmo sentido da correnteza. Colha três pequenos ramos de três árvores diferentes. Coloque os ramos dentro do jarro e, erguendo-o, diga:

> PANI, PANI, TOVE MANDI WESHER;
> NAFLIPEN SHAV TA MUK MANDI SASTI.

> *Agua, água, deixe-me limpo;*
> *Que a enfermidade se afaste de mim,*
> *E que me dê saúde.*

Pegue os três ramos e jogue-os na água corrente e, quando estiverem distantes de você, banhe-se nessas mesmas águas, mentalizando o fim de seu problema.

Para conseguir união de cônjuges

Recolha a terra ou a areia que esteja na pegada dos pés de seu cônjuge. Faça o mesmo com as suas pegadas. Coloque tudo em um vaso, ao qual deve ser misturada ainda mais terra.

Plante uma calêndula neste vaso e passe a cuidar muito bem dela. A câlendula é a planta da união, e sua vibração torna seu casamento feliz.

Capítulo VI

Outros Encantamentos

O pêndulo serve para várias coisas: para encontrar objetos perdidos, confirmar uma gravidez e o sexo da criança, diagnosticar enfermidades, comunicar-se com os espíritos dos mortos, pesquisar sobre a pessoa amada, dentre muitas outras utilidades.

Além dos pêndulos que podem ser encontrados no comércio para esta utilização, você pode fazer o seu. Amarre uma aliança ou um anel em uma fita vermelha, de maneira que a fita fique com uma de suas pontas livre, que é onde você vai segurar, sempre apoiando o cotovelo sobre uma mesa.

Obtenha qualquer objeto ou fotografia que pertença à pessoa amada e sustente o pêndulo sobre o objeto, sem deixar que ambos se toquem, observando os seus movimentos, depois de alguns minutos. A distância entre seus dedos e o anel deve ser de mais ou menos 20 cm.

Concentre-se na pessoa amada. Pense em todas as suas qualidades e defeitos. "Será que esta pessoa será um bom cônjuge para mim? Devo confiar nela?" Depois, diga:

> *AV, MI ROMANI MAL,*
> *PAWDEL, DUR CHUMBAS*
> *AV KITANÉ MANSA?*

Estes versos querem dizer mais ou menos o seguinte, em romanê (uma das línguas ciganas): *"Venha, amigo cigano, cruze as colinas distantes. Virás para junto de mim?"* Repita três vezes a estrofe.

Enquanto isso, o pêndulo deverá oscilar. Se este movimento constituir um vaivém perpendicular em sua direção, a resposta é positiva. Caso contrário, se o pêndulo oscilar paralelamente ao seu corpo, a resposta é negativa. Com algumas pessoas, este pêndulo pode oscilar em círculo. No sentido horário, quer dizer sim; se gira no sentido anti-horário, quer dizer não.

Para libertar-se de um pretende indesejável

Estes feitiços são para aquelas situações em que somos cortejados por pessoas persistentes, que, em absoluto, não nos interessam. Nesses casos, é difícil — e até desagradável — convencer o outro de que não lhe dedicamos qualquer sentimento romântico.

1 — Certifique-se de que a lua está em sua fase min-guante (depois da lua cheia e antes da lua nova) e procure um lugar aberto (pode ser uma sacada ou terraço). Faça fogo à base de carvão e atire nele dois punhados de folhas secas de verbena, dizendo as seguintes palavras:

> *Aqui está a minha inquietude:*
> *queime-a e leve-a.*
> *Que fulano(a) afaste-se de mim*
> *e não volte a incomodar-me.*

Repita este feitiço por três noites consecutivas, e não voltará a saber mais nada a respeito dessa pessoa.

2 — Pegue um pedaço de papel e escreva a lápis o nome da pessoa que está lhe incomodando. Acenda uma vela branca comum e queime o papel em sua chama.

Depois, coloque-o, queimando, em um pires ou cinzeiro limpo. Enquanto pensa em se livrar dessa pessoa, recolha as cinzas e leve-as a um ponto alto (um monte, uma colina, à beira de um precipício, por exemplo). Ponha as cinzas na palma de sua mão direita e sustente-as, erguendo o braço à sua frente, sem elevá-lo. Diga o seguinte:

*Ventos do Norte, do Leste, do Sul e do Oeste,
levem os afetos de fulano(a) para longe de mim.
Que seu coração seja aberto e livre
e seus pensamentos se afastem de mim.*

Agora, sopre as cinzas, para que se dispersem ao vento.

PARA TORNAR-SE NOTADO(A) POR ALGUÉM

Pegue um espelho, desses que as mulheres carregam nas bolsas. Consiga uma foto sua e coloque embaixo do espelho. Sobre o espelho, coloque uma foto da pessoa por quem deseja ser notado(a). Assim, o espelho deve ficar entre as duas fotos. Envolva tudo em um pedaço de seda ou algodão vermelho e amarre muito bem com fita ou lã cor-de-rosa.

Leve este embrulho à casa da pessoa que você deseja e deixe lá, em um lugar onde não possa ser descoberto. Pode colocá-lo no jardim ou em um vaso, por exemplo. Caso seja impossível fazer isso, providencie um patuá branco, onde o embrulho deve ser colocado e guarde-o consigo.

PARA DIMINUIR A TIMIDEZ DO(A) NAMORADO(A)

Obtenha um lenço ou retalho de alguma roupa da pessoa amada e nele coloque alguma coisa que ela lhe tenha presenteado, ou um pedacinho de algum objeto (um elo de uma corrente, um pedaço de cartão, um anelzinho simbólico, por exemplo).

Embrulhe no lenço (ou retalho) sete avelãs, amarrando tudo com um pedaço de linha ou lã vermelha. Coloque este embrulho sob o seu travesseiro por sete noites consecutivas. No oitavo dia, pegue o embrulho e leve-o a um bosque distante de sua casa. Procure um buraco em uma árvore onde possa colocá-lo e deixá-lo por lá.

Em seguida, dê três voltas em torno da árvore, pronunciando sete vezes o nome da pessoa amada. Depois, afaste-se, sem olhar para trás.

Acendendo o fogo da paixão

Na lua cheia, faça um círculo de 54 cm de diâmetro com sete pedras, em um lugar aberto. Faça uma pequena fogueira no meio do círculo formado pelas pedras. Acenda o fogo e pegue um pedaço de madeira pequeno, no qual deve ser escrito o nome da pessoa amada. O pedaço de madeira ficará atravessado no meio do fogo, no sentido Leste-Oeste.

Comece a observar o fogo, limpando de sua mente todos os pensamentos que não tenham relação com a pessoa amada. Imagine que o amor de vocês dois está crescendo. Ouando metade da madeira já tiver sido consumida pelo fogo, salpique um pouco de açúcar sobre o mesmo. Repita isso por mais seis vezes, sempre pronunciando o nome dele(a). Deixe que a madeira acabe de queimar.

Ouando o fogo acabar, e não existirem mais fagulhas, jogue água limpa sobre tudo.

Para que o seu amor venha depressa

Quando duas pessoas que se amam estão distantes, por força das circunstâncias, deve-se fazer o seguinte feitiço: pegue metade de uma casca de noz e faça, cuidadosamente, um pequeno furinho em sua borda. Prenda neste buraquinho uma linha vermelha com um nó. Encha de água uma tigela e deixe que a casca de noz flutue nela. Sustente a linha pela ponta e enrole-a no dedo indicador, puxando-a em movimento suave e firme, no sentido horário. Coloque o dedo indicador dentro d'água. Permita, que, a cada volta que a casca de noz dê, a linha vá se enrolando cada vez mais em seu dedo. Vá dizendo o seguinte, até que toda a linha esteja presa ao seu dedo:

Venha a mim, por terra e mar.
Fique de novo ao meu lado.
Por amor de Gana, faço agora este pedido,
Para que possamos ser felizes juntos, eu e Fulano(a).

Junte a casca de noz e a linha, sem enrolar uma na outra, e enterre diante de sua casa (pode ser em um vaso), envolvida por duas conchas.

Ervilha para o amor

As ervilhas frescas são próprias para os pratos encantados. São feitas em um ensopado com carne macia de cordeiro. Isto desperta o interesse de outra pessoa por quem faz a comida.

Costuma-se, ainda, colocar uma das metades da fava no alto da porta principal e a outra metade em um bolso ou junto aos seios. Esta fava, porém, deve ter sete grãos.

Perfumes muito especiais

Assim como os banhos energéticos são muito apreciados, as ciganas valorizam — e muito — o que determinadas essências naturais e suas combinações são capazes de produzir na aura humana. Na verdade, dependendo de como sejam elaboradas, as essências artesanais reproduzem, com muita eficácia, os banhos energéticos.

Eu mesma produzo uma coleção de banhos energéticos ciganos transformados em perfumes. São receitas antigas, que me foram ensinadas durante 10 anos inteiros, e que, por força de promessas, não podem ser passadas para outras pessoas. No entanto, os 13 aromas da coleção Sibylla Rhudana — Perfumes Ciganos podem ser encontrados em estabelecimentos esotéricos.

Mas, agora, você pode conhecer o valor energético das essências mais populares e fazer os seus aromas em casa. Na verdade, as velhas ciganas de tribo, principalmente no Brasil, não reconhecem o vínculo energético que as essências têm com os astros. As essências indicadas para cada situação "pertencem" realmente àquele astro que rege determinado assunto, e que é capaz de resolver aquele tipo de problema, segundo a milenar Astrologia. A sabedoria dos ciganos, embora não tenha este conhecimento científico, atesta a validade do mesmo, ou vice-versa.

Fabricando o seu aroma pessoal

Faremos uma relação das principais essências naturais, seu valor energético e sua relação astrológica, que vai facilitar a utilização das mesmas. No caso de se querer uma essência energizada, deve-se obter uma tabela lunar astrológica, para que os benefícios da Natureza sejam melhor utilizados.

Principais essências
e suas correspondências planetárias

Sol — O Sol é a maior fonte de energia de nosso planeta. Ele é o grande impulsionador que facilita o sucesso em todas as áreas, favorece a energia vital, livrando-nos da depressão. Suas essências principais são o heliotrópio e o sândalo vermelho.

Lua — A Lua rege as emoções, os vínculos familiares — muitas vezes limitadores e obsessivos —, a gestação e a adivinhação. Usa-se âmbar para aumentar a energia do satélite em nossa aura.

Marte — Recorre-se à energia de Marte para os trabalhos relacionados à força, a situações que exijam disposição e tato para lutar. A essência principal de Marte é o absinto (losna-maior).

Vênus — Vénus é o planeta que exerce influência sobre a criatividade, a estética e a concórdia, por meio do equilíbrio das decisões. Rege a energia de relacionamentos pessoais, do amor. As essências que liberam essas qualidades com o seu uso são: rosa, benjoim, jasmim, lírio e violeta.

Mercúrio — A eloqüência é a maior virtude de Mercúrio, o Mensageiro dos Deuses. É exatamente a energia que se está buscando para diminuir a timidez e favorecer a exposição dos pensamentos da melhor maneira possível. Usa-se bergamota, narciso ou manjerona.

Júpiter — A energia de Júpiter é de expansão, de crescimento marcante. Usamos as seguintes essências: canela, madeira de aloé e cedro.

Saturno — A energia de Saturno limita o movimento natural da vida de cada um, e é preciso, neste período, estar mais disposto para vencer as suas próprias limitações pessoais. Patchuli e cipreste são as essências ligadas a Saturno.

As essências estão vinculadas aos planetas que deram nomes aos dias da semana, por isso, você deve estar estranhando a ausência dos demais: Plutão, Urano e Netuno. Mas seria muito proveitoso se você fabricasse os seus perfumes energéticos, no dia da semana dedicado ao planeta que rege as qualidades que você deseja desenvolver.

Os dias da semana e os planetas:

Segunda-feira: Lua.
Terça-feira: Marte.
Quarta-feira: Mercúrio.
Quinta-feira: Júpiter.
Sexta-feira: Vénus.
Sábado: Saturno.
Domingo: Sol.

Fórmula básica para a preparação de perfumes artesanais

Colônia
— 800 ml de álcool de cereais
— 20 ml de fixador
— *30 ml de óleo essencial da sua fragrância preferida*

(•) Os óleos essenciais recomendados para o fabrico dos perfumes energéticos são os mesmos usados pela Aromaterapia. São óleos naturais, retirados dos próprios vegetais ou substâncias orgânicas, que preservam as virtudes dos mesmos. Não recomendamos para a fabricação de perfumes energéticos as essências comuns sintetizadas, vendidas para o fabrico de perfumes comuns.

— 150 ml de água mineral

Misture os dois primeiros ingredientes. Deixe descansar por duas horas. Acrescente o óleo essencial e guarde em armário por 15 dias. Depois deste período, acrescente a água e deixe descansar por 24 horas. Está pronto para o uso.

Óleo Perfumado
— 100 ml de óleo mineral
— 30 ml de óleo essencial de sua fragrância preferida
— 20 ml de fixador
Misture tudo e deixe descansar por 15 dias. Está pronto para o uso.

Tratado de amor

O Amor é uma entidade de energia inacabável. Quanto mais se cria espaço para ele, mais cresce, encanta e planta a felicidade no coração dos homens.

O poder de amar assume a forma do coração que o contém. É como a água que nos satisfaz a sede, e é sempre água, em qualquer recipiente que estiver. Por isso ninguém ama o outro pelas suas qualidades. Na realidade, amamos o outro pelos defeitos que somos capazes de suportar e, pelo amor que lhe dedicamos, temos certeza de que nosso sentimento seja capaz de ser agente impulsionador de transformações e mudanças, que se operam apenas em circunstâncias muito especiais.

As relações, de um modo geral, talvez sejam os aspectos mais difíceis de serem harmonizados em nossas vidas. Mas, o Amor, força mágica que motivou a criação do Universo, justificou a criação do ser humano à imagem e semelhança do Ser Divino. Unilateral e indiscriminadamente, o Amor Divino nos abençoa, sem nada querer, sem nada exigir, sem nada esperar.

É um exemplo que deveríamos seguir, mas a nossa noção de posse e egoísmo torna tudo cada vez mais difícil.

No entanto, a entidade do Amor é a única capaz de fazer o homem feliz.

E só se torna feliz no Amor, quem dá Amor para si mesmo e para os outros.

A magia cigana destina boa parte de seus feitiços à harmonia e à entidade do Amor, e deve ser utilizada depois de serem tentados todos os recursos pessoais. Quem fizer uso de seus feitiços, deve ter sinceras intenções de fazer alguém feliz, e também de ser mais feliz, e nunca pensar em utilizar os sentimentos de outra pessoa para estabelecer-se financeira e socialmente à custa dela.

Antes de se querer conseguir com magia alguém que não nos ama, devemos nos colocar no lugar daquela pessoa. Certamente não é uma sensação agradável ser invadido em sua maneira de amar, e, certamente, isso levará a situações muito desagradáveis no futuro, tornando sua vida muito infeliz. É prudente repetir: "Cuidado com o que você pede em magia. Você pode conseguir." O que você vai fazer com o que for conseguido, só você poderá decidir.

O EFEITO DA MAGIA

As práticas mágicas são tão antigas quanto o homem. Desde a criação do mundo, o Ser, em seu infinito poder, fez o homem e tudo o mais que existe no Universo. Apenas com um sopro, um pensamento, uma vontade.

O homem também é capaz de fazer magia todos os dias de sua vida. Magia, como transformação. Pois, então, vejamos: O que é um banco de madeira? Madeira bruta, trabalhada e transformada em banco.

Magia, além de transformação, é poder. E, à primeira vista, esta é uma realidade que empolga o ego de qualquer um. E é para empolgar mesmo, porque transformar-se é ser mágico. Daí, transformar qualquer situação, é um passo menor.

Os ingredientes que são utilizados pela Magia Cigana são muito importantes, porque sabemos que o Cósmico, o Astral, responde às oferendas que lhe são feitas e que tenham íntima ligação com os sentidos da visão, do paladar e da audição, sem contar com as ondas de pensamento que emitimos quando estamos realizando magia, e são elas o principal ingrediente que empregamos em um feitiço. O papel dos ingredientes que usamos é de reforçar o elo entre nosso desejo e o Cósmico, em uma válida tentativa de apressar a realização de nossos planos.

Simpatias para o amor

Em diferentes tribos ciganas, existem muitas simpatias para o amor, utilizando ervas, substâncias extraídas de alguns animais, hortaliças e até mesmo flores e cristais de rocha. As mais importantes que nos foram ensinadas são essas:

Alface: Conhecido como sonífero, a alface é também usada na elaboração de filtros para o amor.

Almíscar: É extraído da bolsa prepucial do cervo almiscarado. O homem que o usa, em forma de perfume, atrai um número maior de mulheres. As antigas shuvanís (ciganas sacerdotisas) usavam esta substância na feitura de filtros para o amor.

Âmbar: O âmbar tem grande utilização nos feitiços ciganos, principalmente nos de amor. Dizem que aquele que ergue um pedaço de âmbar em direção à lua cheia, fixando nele o seu olhar, verá o rosto da pessoa que lhe fará feliz.

Angélica: É indicada para neutralizar as ações mágicas de outra pessoa, que tenha feito feitiços para lhe atrair, contra sua vontade. Basta fazer um pequeno patuá em tecido branco, usando sete folhas de angélica. Leve-o na altura do coração.

Aspargo: As raízes de aspargo cozidas com vinho é um afrodisíaco eficaz. Deve-se beber, em jejum, uma xícara de café do vinho, durante sete manhãs consecutivas. Os Lovaras costumam dizer que é uma maneira segura de despertar a sexualidade.

Azeviche: É um tradicional amuleto para o amor. Ajuda a atrair a simpatia de outra pessoa.

Cabrito: O cabrito é considerado, desde os mais remotos tempos, uma besta carnal e luxuriosa. Os ciganos utilizam o seu sêmen como afrodisíaco, em um ritual feito entre o par romântico, que consiste em esfregar a substância na área próxima às genitálias de ambos os cônjuges ou apenas de um deles.

Canela: Apenas uma pitada sobre qualquer alimento que será servido à pessoa amada produzirá pensamentos amorosos. Usa-se com discrição, em um momento adequado, para produzir uma noite de amor inesquecível.

Cenoura: Mistura-se cenoura ralada com o vinho para desenvolver uma atitude mental adequada aos mais elevados propósitos amorosos.

Cinco-em-rama: Conhecida também como erva-dos-cinco-dedos. É a mais indicada para atrair a sorte, até mesmo no amor.

Cravos: São símbolos de fertilidade, utilizados em vários filtros e feitiços de amor. Em um jarro, harmonizam o ambiente, produzindo nas pessoas uma atmosfera de delicadeza e amorosidade.

Erva-de-são-joão: Colhida à noite e trazida em um patuá junto ao peito, é um poderoso amuleto para o amor. Suas flores de cor amarelo-ouro são prensadas entre as páginas de um livro e, guardadas em casa, simbolizam o "centro do coração" para o amor em família.

Feijões: Em diferentes culturas, o feijão é considerado poderoso amuleto sexual. Alguns grãos são carregados juntamente com o dinheiro e nos bolsos dos roms.

Funcho: As sementes de funcho devem ser mastigadas pensando-se na pessoa amada, o que garante a proximidade cada vez maior dos dois amantes.

Galo: As penas do rabo do galo são usadas pelos homens ciganos como amuletos. Dizem que atrai a mulher desejada a quilômetros de distância. Há ciganos que adornam os chapéus com uma pena de galo. Também a crista de galo era usada na culinária cigana, com a reputação de ser excelente afrodisíaco.

Gralha: Diz a tradição que enterrar um olho de gralha debaixo da cama do casal aumenta a sexualidade. Os ciganos respeitam muito as gralhas, e, mais ainda, os corvos.

Jasmim: O óleo de jasmim tem a fama de poder excitar a mais fria das pessoas. Misturado ao óleo de amêndoas, é usado em massagens para tratar a frigidez e a impotência.

Lavanda: As flores de lavanda despertam o amor e a doçura. Postas sob a cama, podem proporcionar ao casal noites de grande romantismo.

Limão: As raspas da casca de um limão são acrescentadas ao vinho e este é oferecido à pessoa amada. É estimulante sexual.

Lírio-de-Jlorência: Substitui com eficácia a raiz de mandrágora e atrai a sorte no amor. Use flores e raízes em um pequeno patuá.

Mandrágora: Existem duas qualidades de mandrágora. A européia e a americana. A mandrágora americana tem muitas qualidades medicinais úteis, mas é a européia que tem as propriedades mágicas que interessam aos ciganos. Os ciganos a usam como amuleto amoroso, dentre outras atribuições. Diz a tradição que, se o marido e a mulher levarem consigo um pedaço da mesma planta, garantirão um amor belo e duradouro.

Mirra: É usada em óleos perfumados e incensos para atrair um amante.

Palha: Usa-se palha para a fabricação artesanal de bonecos para os rituais mágicos do amor.

Pepino: É usado na culinária, cortado sempre no sentido longitudinal, para a sexualidade.

Pombo: Diz a sabedoria cigana que, quando um pombo cruza a nossa frente, da direita para a esquerda, é sinal de que o(a) parceiro(a) ideal está por vir, em pouco tempo.

Rã: Os ossos que sobraram da carne que foi consumida pelas formigas são amuletos amorosos usados por várias tribos.

Rubi: É uma das pedras do amor para os ciganos. Além de aumentar as possibilidades de sucesso profissional, é considerado um dos amuletos de amor, com o qual se presenteia a pessoa amada. O melhor uso é em um anel no anular esquerdo.

Sabugueiro: Os frutos do sabugueiro devem ser colhidos em uma noite de São João para a confecção de patuás para o amor. As flores maceradas com o vinho são usadas como filtro de amor. E os ramos, cortados em sete partes, colocados atrás da porta, são mais um amuleto para trazer harmonia e paz ao lar.

Turquesa: Esta pedra é considerada uma pedra de poder pelos índios norte-americanos. É a pedra da harmonia para os ciganos e recomenda seu uso pelos amantes, depois de uma desavença.

Urtiga: O sumo fresco de urtiga, ou uma infusão, caso a erva esteja seca, estimula a produção de leite materno. As plantas jovens são, às vezes, utilizadas em filtros para o amor.

Verbena: Traz sorte e amor, quando colocamos suas flores secas entre as fronhas dos travesseiros. As flores devem ser colhidas sempre à luz do primeiro dia de lua cheia.

DIAS DE CAUTELA CONTRA A MÁ SORTE

Existem certos dias do ano que muitos ciganos acreditam ser dias de má sorte para o amor. Nestas datas, ninguém deveria casar-se, abordar alguém, unir-se a outra pessoa em qualquer tipo de compromisso ou sociedade. Estas datas são as seguintes:

janeiro: dias 1º, 2, 6, 14 e 27;

fevereiro: dias 1º, 17 e 19;

março: dias 11 e 26;

abril: dias 10, 27 e 28;

maio: dias 11 e 12;

junho: dia 19;

julho: dias 18 e 21;

agosto: dias 2, 26, 27;

setembro: dias 10 e 18;

outubro: dia 6;

novembro: dias 6 e 17;

dezembro: dias 5, 14 e 23.

BONECOS DE PALHA DE MILHO OU PANO

A magia da imagem é praticada no mundo inteiro. Desde os antigos egípcios até os voduístas modernos, bonecos são usados em magia, para representar uma pessoa, e, portanto, têm uma grande carga mágica. Os ciganos fazem uso desta mesma magia, que, possivelmente, deve ser a mais antiga de que se tem conhecimento.

A idéia básica é fazer uma figura para representar uma pessoa, isto é, dar a esta figura o nome desta pessoa, "batizando-a". Se, por exemplo, um boneco de palha ou pano é dedicado a seu amante e um outro a você mesma, ambos recebem os nomes dos dois. Em seguida, se atamos estes dois bonecos com uma fita vermelha, em um ritual de magia da imagem, é certo que ambos se manterão unidos, como seus dois bonecos representantes.

CONFECÇÃO DOS BONECOS DE PALHA DE MILHO

A palha de milho é um material fácil de ser encontrado. Este cereal tem uma forte ligação com o sol, e é, em muitas culturas, considerado seu representante máximo. O milho é um cereal de nobreza singular. Guarda em si os segredos da expansão e da realização pessoal do homem.

Vou explicar como devem ser confeccionados os bonecos de palha e logo darei mais detalhes sobre seu verdadeiro emprego.

Recolha algumas palhas de milho quando estas estiverem amarelando e quando o primeiro nó debaixo da espiga estiver ainda verde. Uma semana depois, a palha estará no ponto de ser utilizada. Se a necessidade for grande, seque-a ao sol ou em forno baixo, com a porta aberta, por alguns minutos. Uma vez seca, a palha pode ser armazenada cuidadosamente em lugar fresco e arejado, durante anos.

Coloque um maço de palha seca em uma vasilha grande. Derrame água fervendo sobre a palha. Deixe que descanse por cinco minutos. Recolha-a, em seguida, e envolva-a em um pano limpo e úmido para mantê-la maleável, facilitando o seu trabalho.

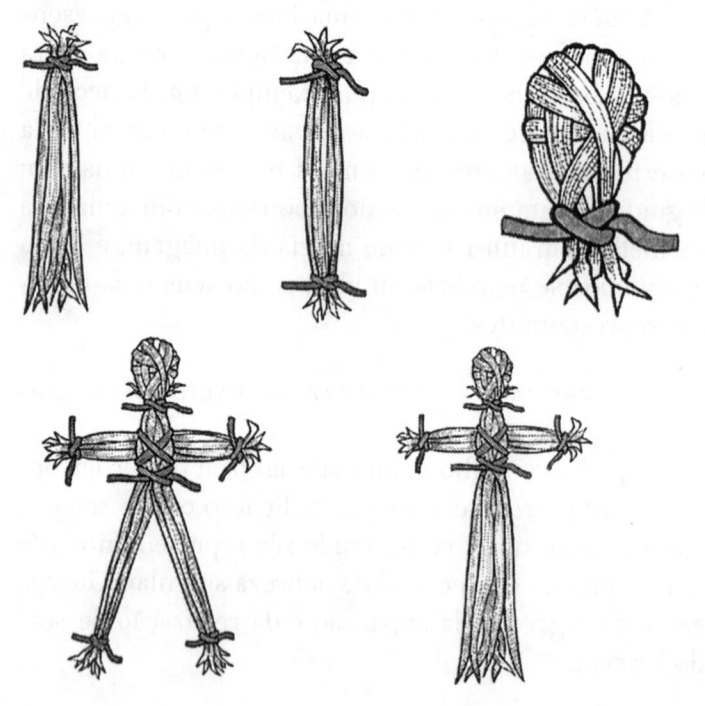

Escolha cinco palhas bem largas, do mesmo comprimento, e amarre suas pontas com um barbante. Reserve-as. Escolha mais sete palhas, desta vez mais longas do que as anteriores, amarre no meio do nó e coloque uma bolinha de palha de 3 a 5 cm de diâmetro neste ponto. Revista a bolinha com a palha do milho, como se você estivesse modelando uma cabeça. Feito isto, amarre com um barbante logo abaixo. Em seguida, coloque em uma posição transversal à palha que você preparou anteriormente, fazendo os braços e o peito. Amarre com barbante imediatamente após o ponto em que ficaram transpassados os braços. Separe as pernas e vista o boneco como lhe convier, fazendo calça comprida para o homem e saia para a mulher. Acostume-se sempre a rechear a palha que serve de corpo para o boneco com algo que pertença à pessoa a quem irá dedicá-lo (um botão de camisa, um pedaço de lenço de cabeça, um lenço comum, um retrato etc.).

Confecção dos bonecos de pano

Os ciganos utilizam, para confeccionar os bonecos de pano, roupas ou pedaços das roupas das pessoas a quem eles irão dedicá-los. Podem ser lenços de cabeça, camisas, peças íntimas ou qualquer outra peça. No entanto, é melhor que o tecido seja estampado, e não de uma só cor.

Dobre o tecido pela metade e recorte duas formas idênticas de corpo humano, como mostra a figura abaixo. Em seguida, costure manualmente todas as bordas da figura, deixando a parte do alto da cabeça aberta. Agora, preencha os bonecos com flores de verbena, pétalas de rosa, pétalas de cravo, manjerona, raiz de lírio-de-florença e uma avelã picada. Feito isso, costure a cabeça.

Estes bonecos recebem uma decoração muito elaborada. Olhos, boca e nariz costumam ser bordados e acrescentam-se cabelos naturais ou artificiais, quando são feitos em tecido de uma só cor. No caso de tecido estampado, podemos simplesmente distinguir por meio de vestido e calça comprida, o homem da mulher.

Utilização dos bonecos de palha de milho e pano

Estes bonecos constituem instrumentos básicos da magia da imagem. Uma vez prontos, você deve iniciar a magia batizando-os com os nomes das pessoas a quem foram dedicados. Pegue água de uma cachoeira, rio ou do mar, salpique na cabeça de cada boneco e vá dizendo as seguintes palavras:

KON SI TIRO MAMUS?
KON SI TIRO DADRUS?
GANA TA HERNE.
TIRO NAV SI... (nome)...;
MUK LES SI
TA JEL SA DUVVEL.

Quem é minha mãe?
Quem é meu pai?
Gana e Herne.
Deusa da Lua e Deus da caça
Teu nome é...;
Que assim seja
Em nome de Deus.

Quando se utiliza um casal de bonecos, deve-se atá-los com linha de seda ou lã vermelha. A pessoa que faz esta magia deve dirigir o pensamento e as palavras para que ambas as pessoas representadas por aqueles bonecos sejam felizes e estejam unidas para sempre. Finalmente, os bonecos devem ser guardados em lugar muito seguro.

Quando se utiliza uma figura apenas, deve-se submetê-la ao mesmo batismo. Na seqüência, deve-se dizer o que se espera daquela pessoa, sem que se pense em prejudicá-la, pois a lei do retorno é inevitável para todos.

Desde tempos imemoriais, as *shuvanis* (feiticeiras ciganas) usam a magia da imagem para ajudar a outras pessoas a conquistarem seus objetivos. Hoje em dia, estes bonecos são raros em muitas tribos e a magia da imagem tem sido substituída pelo uso de retratos.

SARA KALI — MÃE, SENHORA E PHURI-DAI

Conta a lenda que Sara Kali era serva de José de Arimatéia, Maria Madalena, Maria Jacobé (mãe de Tiago, o Menor) e Maria Salomé (mãe de São João e de São Tiago, o Maior). Pouco depois da morte de Jesus Cristo, as três mulheres e sua serva foram atiradas ao mar, em uma barca sem remos nem provisões, pelos ju-deus. Milagrosamente, esta pequena embarcação apor-tou na praia próxima ao Petit-Rhône, onde alguns ciga-nos lhe acudiram; hoje, as Saintes-Maries-de-La-Mer são um lugar de peregrinação católica e de encontro de ciganos de todo o mundo. Outra lenda diz que Sara Kali era serva de José de Arimatéia. Este tentou violentá-la, mas Sara resistiu e, como castigo, seu amo teria lhe deixado à própria sorte, em uma barca sem remos e sem alimentos, que aportou em Petit-Rhône.

Toda a devoção do Povo das Estrelas não está voltada para as três Marias, mas para a sua criada, Sara a Egípcia, Sara a Kali, Sara a Negra, Santa Sara Kali, a Padroeira e Protetora dos Ciganos de Todas as Tribos do Mundo. Sua imagem de grande singeleza está na gruta da igreja que esteve interditada aos *payos* até 1912. Nos dias 24, 25 e 26 de maio, os ciganos passam a noite na cripta oferecendo jóias, flores, talismãs diversos e frutas a Sara Kali. Seu vestido azul pálido ganha adornos preciosos.

No dia 24 de maio, pela manhã, seis ciganos levam ao mar a barca sagrada com as imagens das três Marias e de Santa Sara. Todos assistem à bênção do mar, feita pelo padre em sua barca.

Os lábios de Sara Kali guardam um sorriso velado para os *Roms* que o procuram com entusiasmo e carinho em alguma hora muito especial. Sara, em seu vestido de dançarina de feira, que lhe foi dado pelos *payos*, recolhe em seus lábios o néctar da vida, as promessas de amor e prosperidade, a certeza de filhos sãos e com dons específicos para conduzirem a Magia de seu povo, zelando pela tradição dos *Roms*. A seus pés, juras. A seus pés, acasalamentos. A seus pés, os guardiães da magia fecundam mulheres que darão às tribos futuros chefes, futuros *kakus*, futuras *shuvanis*, sob a guarda de Sara, a Mãe.

Nascimento e morte — os principais momentos da vida

Os ciganos têm um grande respeito pela vida, seja ela animal, vegetal ou humana. Os animais são mortos apenas para que lhes sirvam de alimentos, jamais o fazem por esporte. O mesmo ocorre com as ervas, os vegetais e as raízes — colhem apenas aquilo de que necessitam, pois a vida nômade ensina a viver equilibradamente, sabendo guardar e conservar provisões. Os ciganos não são destrutivos.

Logo que uma mulher estava para dar à luz, preparavam-na três parentas mais chegadas, que a acompanhavam até o nascimento da *chinorré* (criança). Enquanto isso, do lado de fora do quarto ou do local preparado para o parto, os visitantes entoavam cantos sagrados a Duvvel, para suavizar o sofrimento da parturiente e dar boa sorte àquele que ia nascer.

Rezas infalíveis, talismãs milagrosos, patuás e figas (*) eram-lhe colocados ao pescoço. Seu rosto era soprado,

---

(*) As figas são amuletos conhecidos desde a Antigüidade Clássica, pela Grécia, por Roma e por civilizações mediterrâneas. São consideradas símbolos de fecundidade e têm a reputação de afastar as forças contrárias à vida normal. A mão fechada em que o polegar passar entre o indicador e o anular reproduz os órgãos sexuais masculino e feminino. A outra figa, com o mínimo e o indicador estendido paralelos, é a *mano cornuta*, a mão em corno, simbolizando os chifres, elementos típicos dos deuses da fecundação, especialmente do Touro. Ambas afugentam a má sorte, a esterilidade e o mau-olhado.

(*) encorajando-a e fazendo-a recordar o sofrimento da Virgem Santa por seu filho Jesus, quando viera ao mundo. Todas as providências eram tomadas para que a mulher não morresse no parto, pois tal acontecimento é tido como a maior desgraça para o Povo das Estrelas.

Nascida uma chinorré(criança), o anúncio era feito imediatamente aos visitantes: "Chegou à tribo dos vivos um menino (ou uma menina)." O aviso despertava cantares em ação de graças. A criança era lavada com água e vinho, em uma bacia de prata; dentro da qual eram colocados colares e moedas de ouro, flores, ervas, frutas e madeiras aromáticas, para que tivesse fortuna, saúde e fosse bem-aventurada. Depois da ligadura e do corte do cordão, enxuta em lindíssima toalha de linho branco bordada de crivo e defumada de alfazema, o pai a tomava nos braços e a beijava. A mulher era preparada para a visita dos parentes e amigos, e recebia presentes caros em nome do recém-nascido. Ouro e objetos valiosos que, vendidos, serviriam para ajudar na compra do enxoval.

Alguns ciganos europeus costumam fazer um fogo na entrada de sua casa ou tenda (uma criança de acampamento nasce sempre em uma tenda — o *bender* — e nunca em uma carroça). Este fogo serve para afastar os maus espíritos, de quem se omite o verdadeiro nome da criança, que lhe é dito no ouvido pela mãe, no primeiro momento de vida. Depois, esta criança era apresentada à Lua pela mulher mais velha ou por uma *shuvani*, balançando-a e implorando: "Minha Lua luar,/ Tomai vosso filho/ Ajudai a criar." Ou, ainda: "Luar, Luar,/ Toma teu andar./ Leva esta criança/ E me ajuda a criar/ Depois

---

(*) O ato de soprar o rosto é para transmitir força e aumentar a resistência. O sopro exercia no ritual mágico e religioso de todos os ritos um alto poder revitalizador. O homem foi criado pelo sopro de Deus, a vida se mantém pelo sopro e com ele se despe. O sacerdote católico bafeja sobre o rosto da criança ao batizá-la.

de criada/ Torna a me dar."( ) Tal tradição ainda se registra nas tribos *mamuches*, *matchuaias* e *kalóns* que vivem no interior do Brasil. Mas o fogo continuará aceso, até que seja celebrado o batismo, na própria tribo.

O batismo da criança era feito, muitas vezes, por imersão total na água, onde, previamente, e mais uma vez, foram colocadas ervas, sementes, flores ou frutos. Outras vezes, derramava-se a água sobre o corpo da criança. Esta água estará em um cântaro e, antes que banhe o corpo do bebê, deverá passar pela lâmina de uma faca bem amolada. Acredita-se que a força da faca será transmitida à criança, servindo-lhe de proteção. Em ambos os casos, a água estará fria, e terá sido recolhida de um riacho ou de uma cachoeira.

Além deste batismo, que é feito pelos pais e celebrado pelas avós, os ciganos costumam consagrar a criança a um(a) santo(a) protetor(a), e, no dia de sua *slava* (festa de aniversário), este(a) santo(a) protetor(a) será reverenciado(a) tanto quanto o seu próprio dia anual (dia em que se comemora a *slava* relativa ao(à) santo(a) protetora). Observamos que muitas dessas tradições se perderam ou foram adaptadas ao modo de vida dos sedentários, porém ressaltamos que as cerimônias de batismo (em qualquer religião) são atos mágicos que o Povo das Estrelas respeitam e preservam até os nossos dias.

Aceitando em paz a morte de uma pessoa

Os ciganos europeus costumam dizer que quando se ouve o pio da coruja distante de nós, é sinal de que alguém

---

(*) Esse costume de apresentar à Lua o recém-nascido ainda é registrado no Brasil, como em Portugal. A Lua é a madrinha das crianças, dindinha Lua, e sobre o satélite há uma infinidade de atos mágicos, comuns a todos os povos e épocas. E o mais misterioso, atraindo explicações populares, sobre a magia de seus raios, a doçura de sua luz suave, o efeito sobre moléstias, sinais meteorológicos, crescimento de plantas e cabelos, ação sobre as marés, sobre a gravidez etc.

bem próximo irá morrer. Ao contrário, quando o pio da coruja é forte e claro, alguém distante passará pelo trânsito entre os mundos dos vivos e dos mortos.

Quando um ancião de uma tribo está doente e sua morte já foi prevista, é feito o aviso a todos os seus parentes, estejam onde estiverem. Esta é uma prioridade sobre os demais assuntos de cada um. Muitas providências são tomadas. O doente jamais estará sozinho, até seu último suspiro; os parentes estarão sempre por perto, ao redor de sua carroça ou tenda. Este é um momento de união para a tribo, um momento em que se manifesta muito pouca emoção, em respeito àquele que está moribundo.

Morto o ancião, acredita-se que seu espírito paire entre os mundos dos vivos e dos mortos, até que seu corpo seja entregue à terra. Para facilitar sua passagem para o plano astral, é celebrado um significativo ritual, por um *kaku* (feiticeiro) ou por uma *shuvani* (feiticeira), sem que os demais membros da tribo saibam. Tudo é feito no silêncio da floresta, próximo à água corrente.

Um pequeno fogo é feito — bem distante do fogo da cozinha — tão logo o moribundo expire. O fogo deverá estar cuidadosamente alimentado, para que não haja necessidade de lhe acrescentar mais lenha. Coloca-se entre suas chamas tomilho, sálvia, alecrim e eucalipto, nesta ordem. O nome do defunto deverá ser dito, em voz alta nove vezes, enquanto o celebrante (*kaku* ou *shuvani*) dá sete voltas em torno do fogo, no sentido anti-horário. Depois, se deixa o fogo arder até ele se apagar.

Realizado o enterro, todos os presentes participam dos ritos da *pomana* (ritual cigano realizado após a morte), em homenagem ao morto. Neste ritual, todas as iguarias da predileção do falecido estarão à mesa, cuidadosamente ornamentada. Seu lugar também estará assegurado. A partir de agora, o ancião será lembrado, e sua memória reverenciada por todos. Afinal, seu espírito zelará por aquela tribo, e ele será mais um mensageiro entre a tribo e Duvvel.

Seguindo pela estrada

Apagado o fogo, é hora de seguir com a carroça ou com os modernos automóveis pelas estradas deste mundo. Iremos até o fim, cumprindo o traçado que *Ananke*, a Necessidade, e *Moira*, o Destino, desenharam para que os ciganos continuassem a cumprir a sua jornada. Somente para *Ananke*, assim como para o próprio Zeus, haveremos de baixar nossas cabeças. Além de *Ananke*, temos como princípio valorizar a liberdade, nossa meta; o céu, nosso teto, e o corpo, nossa primeira casa. Onde estiver o corpo, ali estará a casa de um cigano, que hoje, pelas circunstâncias, estão montadas em apartamentos e casas.

Nenhum rastro é deixado após o desmanche de um acampamento, apenas as amizades daqueles que mais se identificam com seu modo de vida. Um lastro de cumplicidade marca o selo de valiosos contatos — o muito que se aprendeu e o que foi, segundo *Moira*, ensinado. Os Guardiães do Antigo Mistério repartiram uma vez mais seus conhecimentos e, agora, se dirigem a outra cidade, onde mais pessoas desejam saciar sua sede na Fonte do Conhecimento Oculto. Esta é a estrada dos ciganos. Esta é a Magia Cigana para o bem viver e para a felicidade.

Que todos aqueles que entraram no Mundo Cigano pela Porta da Sabedoria possam, agora, utilizar conscientemente todos os ensinamentos. Cientes de que são responsáveis pelos seus atos e dispostos a cumprirem tudo aquilo que desejariam, sinceramente, que lhes fosse feito.

Sobre a autora

Descendo de um tripé racial que há séculos é discriminado e perseguido (índios, ciganos e escravos). Daí o fato de ter herdado o gosto pelo nomadismo, a força para o trabalho e o prazer de ter-me tão Natureza quanto uma árvore ou um pássaro.

Nasci Sheila para o mundo dos *payos* ou *gadjé*, que significa Senhora de Deus, e recebi o nome de Sibylla no mundo *Rom* que significa Profetisa, Sacerdotisa.

Formei-me em Letras pela Faculdade de Filosofia de Campos. Realizei vários cursos de pós-graduação em São Paulo, no Rio de Janeiro e na Argentina, dentro da área humanística. Atuei como jornalista após experiência nos jornais da rede dos *Diários Associados*, desde 1981.

Vivo a realidade cigana desde o nascimento. Descendo de uma tribo húngara, chamada Lovara ou Lovarias, dona de um dialeto distinto.

Digo, com freqüência, que o meu corpo é minha pátria, pois, onde o meu corpo está bem, ali estão o meu espírito e a minha casa.

ÍNDICE

Apresentação 7

Capítulo I — Amuletos, Talismãs, Poções, Banhos e Comidas 9
    11 *Comidas afrodisíacas*   11 *Batismo de sorte*
    12 *Temperando o amor*   12 *Ervas do Prazer*
    13 *Harmonia do casal*   13 *Dissipando as aflições*
    14 *Amuleto de amor e sorte*

Capítulo II — Talismãs e Amuletos para o Amor 15

17 *Pedra do juramento de sangue*   18 *Ferradura*
19 *Moedas mágicas*   21 *Moedas de cobre ou ouro*
21 *Colares para o amor*   22 *Girassol*
23 *Que a boa sorte esteja sempre entre nós*   23 *Para a chegada do fruto do amor*
24 *O nome das crianças ciganas*

Capítulo III — A Magia do Amor 27

30 *Recomendações importantes*   31 *Buscando o amor*
32 *Para um grande amor*   33 *Para descobrir o futuro amor*
34 *Para atrair o amor de outra pessoa*
36 *Chamando a atenção da pessoa amada*   37 *Os limões que falam*
37 *Agulhas do amor*   38 *Nóz-moscada para o sucesso no amor*
38 *Vermelho — a cor do amor*   39 *A chave para abrir corações*
39 *A festa de casamento*   40 *Atraindo um amante*
41 *Para o homem atrair lana mulher*   41 *As cartas falam de amor*
41 *Fazendo o jogo*   43 *Sonho de amor*
43 *Para definir o futuro amor*
44 *Para aumentar as chances de escolher*

Capítulo IV — A Família Cigana 47

50 *Família unida*   50 *Harmonia no lar*
51 *Banhos para o amor e a união*   52 *Cuidados especiais com as ervas*

Capítulo V — Amor para sempre 57

59 Desenvolvendo o amor
59 A lenda da ferradura e a boa sorte no amo
61 Mantendo a fidelidade do cônjuge
62 Selando o amor e a cumplicidade dos amantes   65 Atar um laço de amor
65 Para manter duas pessoas unidas   66 Para esquecer uma desavença
67 Perdoando uma falta   68 Para se ter um filho
68 Para conservar a beleza   69 A sedução da lua
69 Para que o homem conserve a virilidade
70 Para conseguir a união dos cônjuges

Capítulo VI — Outros Encantamentos 71

74 Para libertar-se de um pretendente indesejável
75 Para tornar-se notado (a) por alguém
75 Para diminuir a timidez do (a) namorado (a)
76 Acendendo o fogo da paixão
77 Para que seu amor venha depressa   77 Ervilha para o amor
78 Perfumes muito especiais   78 Fabricando seu aroma pessoal
79 Principais essências e suas correspondências planetárias
80 Os dias da semana e os planetas
80 Fórmula básica para a preparação de perfumes artesanais
81 Tratado de amor   82 O efeito da magia
83 Simpatias para o amor   88 Dias de cautela contra a má sorte
89 Bonecos de palha de milho ou pano
89 Confecção dos bonecos de palha de milho
92 Confecção dos bonecos de pano
92 Utilização dos bonecos de palha de milho e pano
94 Sara Kali — mãe, senhora e Phuri-Dai
95 Nascimento e morte — os principais momentos da vida
97 Aceitando em paz a morte de uma pessoa
99 Seguindo pela estrada

100 Sobre a autora

101 Índice

103 Bibliografia

BIBLIOGRAFIA

BUCKLAND, Raymond. Secrets of gypsy love magic. Llewellyn Publications: Saint Paul, MN (USA), 1990.

BUTLER, W. E. *How to develop clairvoyance*. The Aquarian Press: USA, 1993.

MARTELLO, Leo Louis. *The secrets of ancient witchcraft*. Carol Publishing Group: New York (USA).

SORAVIA, Sarita, CAMPUZANO, Laura. *Receituário de magia cigana amorosa*. Hungria e Brasil, 1955-1995 (não publicado).

SZEPESI, Anna. *Manuscritos de magia cigana lovara*. Hungria e Brasil, 1942-1995 (não publicado).

Este livro foi impresso em dezembro de 2014, na Impressul, em Jaraguá do Sul.
O papel de miolo é o offset 75g/m² e o de capa cartão 250g/m².